# La culture nous sauvera

Des mêmes auteurs

Christophe Tardieu

*Les Nouveaux Temps de la culture*, Éditions de l'Observatoire, coll. « Et après ? », 2020.
*Quand la France est au pied du mur. De Clovis aux taxis de la Marne*, Éditions du Cerf, 2019.
*La Dette de Louis XV*, Éditions du Cerf, 2017.
*L'Opéra de Paris. Coulisses et secrets du Palais Garnier*, avec Jean-Philippe Saint-Geours, Plon, 2015.
*Le Surintendant de Versailles*, Éditions du Moment, 2010.
*Internet et Liberté*, CNRS Éditions, 2010.

David Lisnard

*Refaire communauté. Pour en finir avec l'incivisme*, avec Jean-Michel Arnaud, Hermann, 2018.

Christophe Tardieu
et David Lisnard

# La culture nous sauvera

Éditions de L'Observatoire

ISBN : 979-10-329-1404-5
Dépôt légal : 2021, avril

170 *bis*, boulevard du Montparnasse, 75014 Paris

*À Samuel Paty,*
*à tous les transmetteurs de savoir et de culture,*
*à toutes les victimes de l'obscurantisme.*

*Genus humanum arte et ratione vivit.*
« Le genre humain vit d'art et de raison. »

Saint Thomas d'Aquin

*Introduction*

# L'enjeu culturel, si méconnu, si majeur

> « J'ai toujours rêvé d'avoir un trésor caché quelque part où il serait bien à l'abri de tout et que je pourrais découvrir chaque fois que j'avais besoin. »
>
> Romain Gary (Émile Ajar), *La Vie devant soi.*

Notre société française est victime de nombreuses fractures : morales, sociales, économiques, identitaires, territoriales, numériques... Des observateurs avertis démontrent régulièrement l'« archipellisation[1] » de notre pays et décrivent l'existence d'une France périphérique aux profondes et durables souffrances. Plus rien ne semble rassembler les Français et le sentiment d'être en permanence au bord d'une guerre civile ne nous quitte pas. Le mal-être est aussi psychique puisque notre peuple est le plus déprimé d'Europe et parmi les plus gros consommateurs de neuroleptiques du monde. N'existe-t-il pas une série d'événements tendant à montrer un lent et continu délitement de la République française, c'est-à-dire des institutions qui

1. Jérôme Fourquet, *L'Archipel français*, Le Seuil, 2019.

garantissent de façon universelle nos droits universels, exigent l'exercice de nos devoirs physiques et portent une force spirituelle collective ? Nul ne peut contester qu'il existe aujourd'hui une fragilité majeure de la nation comme communauté de règles, de valeurs et de destin. Des statues de personnages célèbres déboulonnées à l'écriture inclusive en réalité excluante, des censures universitaires émanant des *woke* ou des décolonialistes montrent que le passé historique, la langue française et la transmission du savoir sont l'objet d'attaques sectaires, sous le vocable bien choisi aux États-Unis de « *cancel culture* » (culture de l'annulation).

Cette situation est insupportable pour ceux qui aiment leur pays, ce qui est évidemment notre cas. C'est pourquoi, il nous semble essentiel de mobiliser nos forces et de nous concentrer sur les moyens de sortir de ces multiples crises qui, à terme, sont potentiellement destructrices de notre société. Or, il existe un domaine qui peut contribuer à éviter à la France de tomber dans le maelstrom. Il s'agit du secteur culturel.

Qui sait que le produit intérieur brut des industries culturelles en France atteint 2,3 % de notre PIB ? Qu'avec 45 milliards d'euros de chiffre d'affaires, les ressources du secteur culturel sont supérieures à celles de notre industrie automobile et pharmaceutique ? Qui aurait imaginé l'importance de l'emploi dans la culture avec 620 000 emplois directs et le double de personnes qui touchent un revenu lié aux activités culturelles ? Qui se doute que sur les 90 millions de touristes qui visitaient annuellement la France avant la crise sanitaire du Covid-19 et dépensaient 42 milliards d'euros, pas loin des deux tiers avaient effectué au moins une visite culturelle ? Qui aurait pu croire que les biens culturels français ont une croissance de leurs exportations qui est le double de celles des autres biens de consommation ?

Nos atouts ne manquent pas. Le ministère de la Culture a été créé en 1959, parmi les premiers au monde, et fut confié par le général de Gaulle à une immense personnalité, André Malraux[1]. Nous disposons des plus importants établissements publics culturels de la planète : le Louvre est le premier musée universel au monde et frôle les 10 millions de visiteurs par an, Versailles est le château le plus visité sur Terre, le musée d'Orsay dispose d'une des plus belles collections impressionnistes au monde, le musée du Quai Branly est le plus grand lieu consacré aux arts premiers de l'hémisphère nord, notre Opéra de Paris se situe dans les cinq premiers mondiaux, tout comme le Centre Pompidou pour l'art contemporain, sans oublier le Mont-Saint-Michel, les châteaux de Chantilly, Chambord, Fontainebleau et tant d'autres ! Par ailleurs, la France dispose d'un nombre vertigineux de salles de théâtre, de danse et d'Opéras en région, labellisées par l'État, sans oublier toutes les structures financées par les collectivités locales.

Dans le secteur des industries culturelles, nous disposons aussi de grands champions nationaux et internationaux. Le cinéma français est le troisième de la planète

1. Il n'est pas possible de résister à citer ce que de Gaulle a écrit sur Malraux dans ses *Mémoires d'espoir*, évoquant le Conseil des ministres : « À ma droite, j'ai et j'aurai toujours André Malraux. La présence à mes côtés de cet ami génial, fervent des hautes destinées, me donne l'impression que, par là, je suis couvert du terre à terre. L'idée que se fait de moi cet incomparable témoin contribue à m'affermir. Je sais que, dans le débat, quand le sujet est grave, son fulgurant jugement m'aidera à dissiper les ombres. » À noter qu'André Malraux était le seul ministre d'État du gouvernement.

après celui des États-Unis et de l'Inde, qui ne produit que pour son marché national. Nous avons le plus grand réseau de salles de cinéma d'Europe et les Français sont largement le peuple le plus cinéphile de notre continent. Notre production audiovisuelle est en pleine progression et de plus en plus appréciée à l'exportation. Nos éditeurs de livres comme de musique réalisent de remarquables performances : Hachette Livre est le troisième groupe d'édition mondial, Universal Music est le premier éditeur de musique et détient 30 % de la part du marché de la musique enregistrée dans le monde.

N'oublions pas non plus tous ces festivals qui placent leurs villes organisatrices sur la mappemonde. Cannes n'est-il pas le plus grand festival de cinéma du monde ? Avignon n'est-il pas considéré comme la plus importante manifestation de théâtre francophone ? Aix-en-Provence ne comporte-t-il pas l'un des plus remarquables festivals d'art lyrique de la planète ? Clermont-Ferrand n'accueille-t-il pas chaque année le grand festival mondial dédié aux courts-métrages ? Annecy n'est-il pas connu par tous les spécialistes de l'animation ? Tant d'autres manifestations culturelles témoignent du dynamisme et du savoir-faire français dans l'événementiel culturel, sinistré et abandonné dans la crise du Covid-19.

En matière de formation, nous disposons aussi de champions incontestés. À titre d'exemple, les élèves des promotions de l'École des Gobelins dans le domaine de l'animation et du graphisme sont pour la plupart recrutés avant même la fin de leurs études par les plus grands studios américains spécialisés dans les effets visuels. On peut aussi citer toutes les écoles, à Angoulême, Valenciennes, Montpellier..., dont la qualité de la formation est internationalement connue et reconnue.

Existe-t-il un secteur économique dans notre pays qui comporte autant de succès mondiaux ? Nous en doutons.

On pourrait, à juste titre, nous reprocher de ne parler que de l'impact économique de la culture et des industries culturelles. Pour nous, comme pour des millions de Français, la culture ne peut se résumer à une activité économique. Elle nous enrichit d'abord à titre personnel. Elle nous élève, nous permet de mieux comprendre les tréfonds de l'âme humaine, de communier avec les autres ; elle nous fait rire, pleurer, réfléchir, découvrir. Elle est émotion et raison. En définitive, à l'instar du rire, la culture n'est-elle pas le propre de l'homme ?

Malgré la crise sanitaire actuelle qui asphyxie la culture sur ses bases et risque de faire disparaître bon nombre de structures, notre conviction demeure inébranlable : fort de ces atouts gigantesques, le développement culturel peut devenir un formidable outil au profit de la France pour réduire toutes ses fractures et faire en sorte que les Français « aillent mieux » sur tous les plans : moral, social, économique. Que l'on s'entende bien : toute industrie est fondamentale car elle génère localement de l'activité et de l'emploi. Promouvoir le secteur culturel est à la fois tout cela, avec un supplément de taille : il est porteur d'indépendance individuelle et de cohérence nationale, de sens et de civilisation.

Il est donc incompréhensible de constater que cette chance extraordinaire, pour notre pays et pour l'Europe, de disposer d'un secteur aussi dynamique recueille la plus totale indifférence.

Sans verser dans la nostalgie ou un culte passéiste, force est de constater que depuis longtemps, la culture n'est plus considérée comme une priorité par l'État.

Le rôle central joué par le président dans la V$^{e}$ République fait que l'intérêt ou l'indifférence de ce dernier vis-à-vis des structures culturelles détermine souvent toute la politique en la matière. Matignon n'y voit qu'une source de problèmes potentiels. La remarquable technocratie de Bercy est sourde, muette et aveugle sur ce secteur quand ses approches n'ont pas vingt ans de retard[1]. Même François Mitterrand dut affronter l'hostilité des principaux responsables de la direction du Budget pour obtenir le financement des grands équipements culturels dont il souhaitait doter Paris. L'affrontement n'est jamais direct, mais les hauts fonctionnaires de Bercy ont le temps devant eux et surtout toute une série de mécanismes permettant de réduire, raboter, retarder les crédits. Quelles en sont les raisons ? Est-ce la méfiance vis-à-vis de professionnels du secteur culturel dont chacun connaît la capacité à utiliser les médias comme caisse de résonance, souvent pour le meilleur, parfois pour le pire ? Pour Bercy, le secteur culturel ne fait pas très sérieux : trop « paillettes », trop « show off ». S'intéresser à l'industrie pétrolière ou pharmaceutique, voire au numérique, voilà qui pose un technocrate. Étudier l'impact, pourtant très réel, du Festival de Cannes sur l'industrie mondiale du cinéma et l'économie régionale, voilà qui fleure bon la superficialité voire la fantaisie la plus échevelée. En d'autres termes, ceux qui peuvent décider et ceux qui

1. Un membre important du cabinet d'un ministre de l'Économie a confié récemment à l'un des auteurs : « Quand je demande une note sur la situation de l'industrie automobile en France aux services du ministère, je l'ai en 24 heures et elle est remarquable. Quand je sollicite une analyse stratégique sur l'évolution de nos grands laboratoires pharmaceutiques, je l'obtiens en 48 heures et elle est très intéressante. Quand je souhaite avoir un chiffre sur une industrie culturelle, je n'ai jamais rien. »

disposent des crédits publics sont terriblement myopes à cause de leurs présupposés. Ils sont aussi astigmates, car ils ne voient que des dépenses alors que celles du secteur culturel sont souvent des investissements rentables. Si le tropisme culturel de certains ministres des Finances ne fait aucun doute, même les meilleurs ou les mieux disposés sont victimes de l'« État profond » et des hauts fonctionnaires de Bercy qui considèrent la dépense culturelle comme non productive. Rappelons cette lettre d'André Malraux à Michel Debré, Premier ministre, qui lui demandait des économies sur le budget du ministère de la Culture, à la demande pressante de Valéry Giscard d'Estaing, jeune et ambitieux secrétaire d'État au Budget : « Mon cher Michel, votre lettre m'a déplu. Vous voudrez bien m'en écrire une autre. »

Mais cette erreur fondamentale de l'État est encore plus partagée par l'Europe. Prenons un seul exemple, particulièrement significatif. Le 10 septembre 2019, Ursula von der Leyen, la nouvelle présidente allemande de la Commission européenne, annonce les intitulés des portefeuilles qui seront confiés aux futurs commissaires européens, après que les gouvernements des États membres de l'Union européenne ont arrêté, la veille, la liste des impétrants. Il s'agit naturellement d'un événement considérable : la presse du monde entier et les quelque 350 millions de ressortissants européens vont connaître les mandats des personnalités qui orienteront la politique européenne pour les cinq prochaines années. Certains intitulés sont classiques : « Justice », « Santé », « Énergie », « Commerce ». D'autres ont des dénominations plus originales, « Cohésion et réforme », « Voisinage et élargissement ». Enfin, certains titres sont abscons et porteurs de polémiques que l'on devine à l'avance ardentes : « Marché intérieur et responsable de la nouvelle direction générale de la défense et de l'espace », « Valeur et transparence », et surtout le déjà célèbre « Protection du mode de vie européen ». Il est toujours pire d'utiliser des litotes quand on ne veut pas nommer les choses...

Pour autant, très vite, une polémique s'engage, non pas sur un intitulé, mais sur une absence. Qui va être en charge de la Culture et des Affaires culturelles au sein de la nouvelle Commission européenne ? Est-ce Mme Gabriel, la commissaire bulgare, qui doit s'occuper de l'Innovation et de la Jeunesse ? Est-ce Mme Vestager, dont le portefeuille tient au Marché unique ? Est-ce un autre commissaire européen ? Mystère...

Cette épineuse question ne sera tranchée que bien plus tard. Sa résolution est anecdotique. En revanche, sa signification est beaucoup plus grave : au moment de nommer ses instances, l'Europe ignorait une fois de plus le secteur culturel, démontrant, à travers cette absence si pesante, que la culture n'a jamais fait partie de ses préoccupations. Ceux qui s'agitent en sautant sur leurs chaises comme des cabris en criant « l'Europe, l'Europe, l'Europe » aiment à citer la phrase de Jean Monnet : « Si c'était à refaire, je commencerais par la culture. » Hélas, trois fois hélas, cette magnifique formule, qui fait le bonheur d'étudiants avides de citations rapides, piochées sur Internet et propres à satisfaire un enseignant soucieux de respecter le politiquement correct et l'européisme béat, est totalement fausse et n'a jamais été prononcée par le célèbre négociant de cognac. Elle est tirée de l'imagination féconde d'Hélène Ahrweiler, ancienne rectrice de Paris, qui s'était plu à la mettre dans la bouche d'un des pères de l'Europe, lors d'une conférence où elle se tailla un joli succès d'estime avec cette citation apocryphe. Au fond, il n'est pas très grave que Monnet n'ait jamais prononcé ces mots. Il est plus réaliste – et plus inquiétant – de considérer qu'il ne les a sans doute jamais pensés.

En Europe, c'est la France qui donne le *la* en matière culturelle. Existe-t-il beaucoup de secteurs dans lesquels nous sommes un leader naturel[1] ?

Et pourtant, que faisons-nous de cette réalité et de cette formidable potentialité de développement ? Où est le souffle culturel dans le débat politique lors des grandes échéances nationales ? Nous avons en effet la faiblesse de croire que nos concitoyens s'intéressent ou sont très attachés à leur patrimoine culturel commun.

Désintérêt de l'Europe, mépris de l'État, le secteur culturel souffre d'une image sans doute trop superficielle. Il suffit de se rappeler le très définitif propos d'un ancien Premier ministre : « L'opéra, c'est pour les riches. » En d'autres termes, il ne fallait pas que ses ministres s'y montrent au risque de passer pour d'affreux réactionnaires[2]. Aurait-il dit la même chose pour la viande ou des vins de prix ? C'est à la fois injuste quand on songe à ce que la culture peut apporter à

1. L'un des auteurs, qui a participé à des Conseils européens de ministres de la Culture et à de multiples réunions entre partenaires européens, peut témoigner du fait que sur chaque sujet culturel, les autres pays guettent toujours la position de la France avant de donner leur sentiment. Il ne s'agit naturellement pas de dire que ces pays européens n'ont pas de politiques ou de positions sur des sujets culturels – ce serait faux et surtout désobligeant –, mais de noter que la France a un pouvoir d'influence considérable dans ce domaine.

2. La chancelière allemande aura connu quatre présidents de la République française. Aucun d'entre eux n'a jamais eu l'idée d'inviter Mme Merkel à l'Opéra de Paris ou dans un opéra en région alors qu'il s'agit d'une de ses rares passions. Il n'y a pas si longtemps, de Gaulle invitait ses hôtes de marque étrangers à la Comédie-Française ou au Palais Garnier, Valéry Giscard d'Estaing faisait de même avec des Français méritants à l'Opéra de Paris...

chacun d'entre nous et c'est surtout stupide quand on sait ce que le secteur peut rapporter à la nation.

Pour autant, le secteur culturel traverse aujourd'hui une crise dont l'ampleur est inédite depuis la fin de la Seconde Guerre mondiale, et qui est liée aux conséquences de l'épidémie de Covid-19. Toutes les structures culturelles sont à genoux : quand ils seront enfin autorisés à ouvrir, après au moins huit mois de fermeture difficilement justifiable, les musées et monuments peineront à retrouver une fréquentation correcte du fait de l'absence des visiteurs étrangers, des groupes et des scolaires[1] ; le spectacle vivant aura connu quasiment une année blanche et le cinéma n'a pas affronté pareille baisse de fréquentation et de production depuis 1945. Intermittents et prestataires du spectacle ne travaillent plus et bon nombre d'entreprises sont au bord de la disparition. Des moyens ambitieux ont été annoncés par l'État. Ils seront les bienvenus pour la myriade de prestataires indépendants et autres TPE-PME du secteur car il ne faut jamais oublier que le domaine culturel relève de l'économie du prototype, difficile, voire impossible à industrialiser. La plus grande difficulté n'est cependant pas d'annoncer des plans de plusieurs centaines de millions d'euros. La seule ambition qui vaille est de savoir, quand les professionnels pourront enfin travailler, si ces sommes seront réellement disponibles, comment elles seront réparties, à quel rythme et sur quelle durée. Tout sera dans l'art d'exécution. La prudence doit donc être de mise.

Nous avons souhaité apporter notre pierre aux réflexions sur le secteur culturel qui ne manqueront

1. Il est regrettable de ne pas avoir « profité » de cette période pour inviter les scolaires à participer à des répétitions dans les salles de spectacle.

pas d'être suscitées par les prochaines échéances électorales. Oui, nous avons la conviction qu'une dépense en matière culturelle est avant tout un investissement. L'investissement culturel est une obligation ardente car il crée de l'emploi et de l'activité ; il génère du mieux-être, de la fierté et de l'identité face aux intégrismes de tout poil et aux extrêmes.

Ce livre est un ouvrage de praticiens, d'hommes de terrain, comme élu local d'une ville qui a fait de la culture et de l'éducation artistique et culturelle une priorité, pour l'un, et comme haut fonctionnaire qui a géré des établissements culturels prestigieux, pour l'autre. Nous ne sommes ni des sociologues ni des théoriciens, mais nous pensons avoir acquis des expériences suffisantes pour mesurer à quel point la culture et le secteur culturel peuvent contribuer à aider notre « cher et vieux pays » à se sortir de toutes les impasses sociales, économiques, idéologiques dans lesquelles il est entré.

Si nous avons tous deux la passion de la culture et beaucoup de références communes en la matière, y compris dans ce que les modernes Trissotin appellent la « culture populaire », nos parcours sont différents. Quelques-unes de nos convictions aussi. L'un de nous connaît de l'intérieur les arcanes des institutions culturelles françaises. L'autre, élu local, vient de la petite entreprise et du commerce, et a eu à produire, programmer ou accueillir nombre de manifestations artistiques. L'un est marqué par le volontarisme culturel public qui caractérise l'histoire de notre pays, quand l'autre possède une vision libérale fondée sur le foisonnement de l'initiative privée. L'un souligne la vertu de la régulation de l'État et l'énergie des collectivités locales quand l'autre aime rappeler l'émulation créatrice de la concurrence et la nécessité de la prise de risque. Aucun n'est manichéen et chacun sait que la vérité se trouve dans les deux approches qui constituent le génie culturel français. Les deux croient en la force universelle de l'œuvre artistique comme en la grandeur culturelle de la France, à son potentiel, tout en étant lucides sur les affaiblissements et parfois les renoncements résultant de décennies de déconstruction post-soixante-huitarde.

Contrairement à une affirmation entendue en 2017 par celui qui est devenu président de la République, selon laquelle « il n'y a pas de culture française » mais « une culture en France », nous pensons, bien au contraire, qu'il existe bel et bien une culture française et qu'elle est même consubstantielle par définition à notre pays, à notre peuple, à notre nation : quand la culture va mal, la France aussi. Cette culture française n'est pas figée, bien sûr, elle est une réalité subtile qui dépasse les modes et le temps. Elle est construite sur les fondations de la logique aristotélicienne, du théâtre grec, de la pensée romaine, de la beauté antique, bâtie avec l'art chrétien du Moyen Âge, magnifiée à la Renaissance, autour des humanités. Elle trouvera son apogée aux XVIIe et XVIIIe siècles[1], et encore de grands moments de gloire avec ses artistes au XIXe siècle. La

1. L'historien Philippe Erlanger résume mieux que quiconque cette situation dans sa biographie de Louis XIV (Fayard, 1965), en évoquant l'année 1713 : « Le rayonnement intellectuel de la France suppléa au triomphe de ses armes. L'Europe, ou du moins son élite, devint française en parlant la langue et en s'inspirant des œuvres, en copiant les usages du pays sur lequel se trouvait le grand roi. Il ne se trouvait pas un prince parmi ses pires ennemis dont les descendants n'eussent l'obsession de son exemple. Parce qu'il avait su être à la fois le souverain et le patron des grands hommes de son époque, la civilisation reçut de Louis XIV une empreinte ineffaçable. C'est là une sorte de chef-d'œuvre plus difficile et plus glorieux que bien des conquêtes. »

culture française d'aujourd'hui, si vivante, est issue de cette histoire.

Comment nier en effet qu'il existe bien une architecture française, un roman français, une poésie française, un cinéma français, des mouvements artistiques français, une chanson française et tant d'autres formes artistiques dont on reconnaît l'origine à la première vision ? Il serait totalement absurde de considérer que cette culture française est par nature supérieure aux autres, mais il est encore plus ridicule de penser qu'un artiste de notre pays est coupé de toutes références culturelles et de sa propre histoire.

Nous n'avons pas honte de dire que notre culture française est spécifique, pour ne pas dire singulière, et riche, pour ne pas dire brillante. Force est de constater qu'elle est aussi un exemple pour le monde entier, ce qui n'empêche qu'elle a pu bénéficier par le passé et encore maintenant, d'heureuses influences extérieures. C'est cette force et cette qualité de la culture française qui sont aujourd'hui en péril, par relativisme paresseux, contraintes excessives sur la création, renoncement à en faire une exigence individuelle et une ambition nationale. Voilà qui donne du sens au combat qu'il faut livrer pour la culture, qui conjugue enracinement et universalité, effort et créativité, héritage et rupture, émancipation et cohésion, prospérité et panache.

France, mère des arts, qu'as-tu fait de ta culture ? As-tu seulement compris que pour ton avenir et celui de tes enfants, il faut que tu investisses massivement dans ce secteur ? Nous appelons au sursaut culturel, pour le renouveau du pays.

# 1

# L'éducation artistique et culturelle, mère de toutes les batailles

> « Le spectacle est la seule forme d'éducation morale ou artistique d'une nation. Il est le cours du soir valable pour adultes et vieillards, le seul moyen par lequel le public le plus humble et le moins lettré peut être mis en contact personnel avec les plus hauts conflits, et se créer une religion laïque, une liturgie et ses saints, des sentiments et des passions. »
>
> Jean Giraudoux, *Littératures.*

« Ensauvagement » de la société : le terme, volontairement polémique, a été lâché par Gérald Darmanin, ministre de l'Intérieur, dans une interview donnée au quotidien *Le Figaro*. La question n'est pas ici de juger de la réalité de cette situation, donc de l'opportunité de l'usage de ce terme. En revanche, ce vocable qui semble devenu structurant dans le débat politique du moment est intéressant pour l'objet du présent ouvrage en considérant son antonyme : « civilisé ». La condamnation d'une société perçue comme de retour à un état de violence sauvage exige, par symétrie, la nécessité de rétablir les voies de la civilité qui constitue l'être humain dans une civilisation. La culture, qui est faite d'un ensemble de liens sociaux, d'élévations intellectuelles et de codes comportementaux communs, construit précisément notre civilisation.

Les réponses immédiates doivent être policières et judiciaires face à cet ensauvagement, aux formes hélas croissantes de délinquance juvénile, aux forces centrifuges qui fragmentent la nation française : l'individualisme exacerbé, le consumérisme, les communautarismes et l'économie parallèle fondée sur le trafic de stupéfiants... L'injection de civilité, c'est-à-dire un partage organisé et massif de culture par des connaissances liées à des valeurs chargées de sens, s'impose davantage.

Les représentations culturelles communes qui permettent des échanges apaisés et un bon niveau de sociabilité sont le fruit d'apprentissages qui exigent méthode, rigueur, efforts, ce qui n'exclut pas les plaisirs ludiques. Elles sont par ailleurs porteuses à la fois d'enracinement et d'universalité. C'est l'un des enjeux majeurs de l'éducation artistique et culturelle (EAC) pour tous les élèves, c'est-à-dire offrir à chaque enfant, adolescent et jeune adulte de notre pays l'apprentissage de connaissances culturelles communes, la rencontre physique avec des artistes ainsi que la découverte de grandes œuvres et le partage des émotions qu'elles suscitent. Elle doit devenir la grande politique nationale pour renforcer la société, stimuler les individus dans leur capacité émancipatrice et les rassembler au-delà de leurs particularités identitaires. Un peuple mûr et majeur qui s'élève grâce à l'éducation artistique et culturelle devient le ciment de la nation, évitant ainsi le danger de l'explosion en populations antagonistes.

Le but d'une éducation culturelle et d'une instruction artistique de qualité est bien de « déghettoïser » les esprits, d'ouvrir l'horizon des connaissances, de contribuer à doter chaque individu de confiance en soi et en la société, de fournir les clefs de l'épanouissement personnel et de transmettre suffisamment d'éléments de patrimoine intellectuel commun. Chaque Français doit pouvoir disposer d'un savoir culturel porteur de fierté commune, donc de cohésion sociale et de cohérence nationale. C'est ainsi que nous pourrons, en France, faire sens et faire lien – ces deux exigences qui, selon Régis Debray, constituent la vocation même du politique. L'éducation artistique et culturelle peut contribuer à apporter ce « supplément d'âme », ce « sacré laïc » dont a besoin la France pour résister aux forces centrifuges de destruction. Nous en serons quittes pour accepter et affronter les procès en sorcellerie conservatrice ou en reproduction de représentations mentales aliénantes... En l'époque actuelle « déconstruite » par les décennies postmodernes, c'est bien le relativisme, c'est-à-dire cette volonté de n'instaurer aucune hiérarchie, qui conduit à une forme de nihilisme mettant en péril la liberté, l'égalité et la fraternité.

Les fractures culturelles sont réelles, sans pour autant être le fruit d'un déterminisme absolu. Elles sont notamment liées aux conditions sociales, bien sûr, parfois aux origines quand il y a concentration urbaine de populations en provenance de mêmes pays ou de mêmes régions du monde, mais aussi aux disparités d'accès aux équipements culturels ou aux technologies numériques. À ce titre, la dernière édition pour 2018 de l'étude du ministère de la Culture sur les pratiques culturelles des Français insiste sur la grande différence de « consommation culturelle » des 15-25 ans par rapport aux générations qui les précèdent, en raison avant tout du recours au numérique. En comparaison avec les cinq précédentes éditions, il ressort que le public qui lit, va au théâtre, assiste à un spectacle vivant, visite un monument est de plus en plus âgé, urbain et de catégorie socioprofessionnelle élevée. Le journaliste Benoît Grossin le résume brillamment : « Au regard des évolutions constatées dans cette série d'études depuis 1973, les jeunes interrogés en 2018 lisaient beaucoup moins et leurs aînés assistaient à davantage de spectacles vivants. Dans les années 1970, les 15-24 ans se rendant à une pièce de théâtre ou à un concert dans l'année étaient en moyenne trois fois plus nombreux que les seniors[1]. »

L'objectif est donc de ressouder les générations et les populations, intégrer la jeunesse dans un processus de continuité pour recréer une communauté nationale de sens et de destin. À cette fin, l'éducation artistique et culturelle doit être généralisée, renforcée, organisée pour relever l'étourdissant et impérieux défi qualitatif et quantitatif d'universalité républicaine.

## De beaux discours nationaux

La législation considère depuis longtemps que cette ambition est censée être nationale. L'article L. 111-1 de la loi du 26 juillet 2019 « pour une école de la confiance » dispose que « l'acquisition d'une culture générale et d'une qualification reconnue est assurée à tous les jeunes, quelle que soit leur origine sociale, culturelle ou géographique ». L'article 10 de la loi du 8 juillet 2013 « d'orientation et de programmation pour la refondation de l'école de la République » énonce que « l'éducation artistique et culturelle contribue à l'épanouissement des aptitudes individuelles et à l'égalité

1. Site internet de France Culture.

d'accès à la culture. Elle favorise la connaissance du patrimoine culturel et de la création contemporaine et participe au développement de la créativité et des pratiques artistiques. L'éducation artistique et culturelle est principalement fondée sur les enseignements artistiques. Elle comprend également un parcours pour tous les élèves tout au long de leur scolarité dont les modalités sont fixées par les ministres chargés de l'Éducation nationale et de la Culture. Ce parcours est mis en œuvre localement ; des acteurs du monde culturel et artistique et du monde associatif peuvent y être associés. Les enseignements artistiques portent sur l'histoire de l'art et sur la théorie et la pratique des disciplines artistiques, en particulier de la musique instrumentale et vocale, des arts plastiques et visuels, de l'architecture, du théâtre, du cinéma, de l'expression audiovisuelle, des arts du cirque, des arts du spectacle, de la danse et des arts appliqués. Les enseignements artistiques font partie intégrante de la formation scolaire primaire et secondaire. Ils font également l'objet d'enseignements spécialisés et d'un enseignement supérieur. » N'importe quel parent d'élève lisant cette phrase notera un puissant décalage entre les objectifs et la réalité.

Si nous voulions être malicieux, nous pourrions dire que dans le domaine de l'EAC comme dans bien d'autres politiques dans notre pays, les textes existent. Nous sommes sans doute les champions du monde en nombre et en pages de textes officiels. Il ne reste plus qu'à les appliquer. Or, trop souvent, chacun sait que la politique est un art d'exécution. Trop souvent, les technocrates de notre pays considèrent qu'il suffit de rédiger un texte pour que ce dernier soit immédiatement et intégralement respecté et mis en œuvre. La réalité est parfois différente...

Dans les faits, les initiatives locales sont très anciennes et nombreuses en matière d'instruction artistique. Il faut toutefois attendre 1971 pour trouver la première concrétisation d'une démarche nationale, par la création du Fonds d'intervention culturelle (FIC) instituant une collaboration entre le ministère de l'Éducation nationale et le ministère de la Culture. En 1975, la célèbre loi Haby confirme la place des enseignements artistiques dans le primaire et le secondaire. En 1983, la signature d'un protocole d'accord entre la rue de Valois et la rue de Grenelle est la première expression d'une véritable approche interministérielle. En 2008, Nicolas Sarkozy, alors président de la République, affirme que l'éducation artistique est un enjeu majeur national et prend des initiatives remarquées en la matière, telle l'épreuve d'histoire de l'art au brevet des collèges. La nouvelle majorité issue des urnes en 2012 poursuivra l'incantation en la matière en exposant à l'article 3 de la loi du 7 juillet 2016 relative à la liberté de la création, à l'architecture et au patrimoine, les nouveaux objectifs de l'éducation artistique et culturelle : « mettre en œuvre, à destination de toutes les personnes, notamment de celles qui sont les plus éloignées de la culture, des publics spécifiques, ainsi que des jeunes, des actions d'éducation artistique et culturelle permettant l'épanouissement des aptitudes individuelles et favorisant l'égalité d'accès à la culture, en veillant notamment à la conception et à la mise en œuvre du parcours d'éducation artistique et culturelle [...] et en favorisant l'implication des artistes dans le cadre de leur activité professionnelle ». Plus récemment, le président de la République Emmanuel Macron a affirmé, et à plusieurs reprises depuis 2017, faire de la politique éducative et culturelle de la France un objectif majeur. Mais concrètement, que se passe-t-il ?

Comme souvent dans notre pays, plus les proclamations sont tonitruantes, moins les actes politiques et administratifs suivent. En effet, la réalité est malheureusement loin de ces belles intentions, aussi bien dans les moyens consacrés par l'État à l'éducation artistique et culturelle que dans la mobilisation des administrations concernées. Il convient de prendre un exemple un peu technique, mais parfaitement démonstratif. En 2018, le gouvernement a mis en place un dispositif, dit « de Cahors », visant à plafonner les dépenses des collectivités territoriales. Malgré les belles paroles rappelées plus haut, l'exécutif a refusé de sortir de ce plafond les dépenses engagées par les municipalités au titre de l'éducation artistique et culturelle[1]. En d'autres termes, l'État interdit aux communes de dégager les moyens nécessaires pour faire de l'EAC une véritable priorité au plan local, alors que lui-même s'en montre un promoteur ardent dans ses discours, mais est particulièrement absent dès qu'il s'agit de prendre des initiatives et de dégager des moyens. Ce fut également le cas pour l'ouverture des bibliothèques le dimanche, annoncée avec tambours et trompettes par le gouvernement, ce dernier oubliant au passage que cette ouverture, certes pertinente, avait un coût et que les bibliothèques dépendaient de façon quasi exclusive des mairies. Là encore, ces dépenses nouvelles étaient plafonnées par le même dispositif ! Il s'agit des habituelles injonctions contradictoires émanant du pouvoir central vers les collectivités territoriales, dont les élus locaux sont saturés[2]. Le « 100 % EAC »,

1. Alors que ce sont précisément des dépenses engagées pour le compte de l'État, qui devrait assumer la charge de sa politique.

2. Ce dispositif à lui seul mériterait un livre sur ce qu'il révèle de la façon dont l'État central et ses représentations gouvernementales traitent les communes, départements et régions, en s'asseyant sur le principe

c'est-à-dire garantir à chaque enfant puis adolescent et enfin jeune adulte scolarisé de recevoir tous les ans un tel enseignement, est donc toujours un objectif affiché au sommet de l'État mais sans aucune volonté politique pour y parvenir, et sans véritable mobilisation des ministères, notamment celui de l'Éducation nationale.

## Le « 100 % EAC » et autres initiatives locales

Il existe heureusement de notables exceptions portées par des collectivités territoriales grâce à la volonté de leurs élus et à l'engagement de certains recteurs d'académie. Difficile de ne pas citer l'exemple de Cannes, première ville française à avoir été labellisée à l'échelle nationale « 100 % EAC » dès 2017. Emmanuel Ethis, vice-président du Haut Conseil de l'éducation artistique et culturelle et actuel recteur de l'académie de Rennes, auparavant en poste à Nice, a pu écrire : « Le succès dans l'éducation artistique et culturelle de la ville de Cannes se mesure à l'implication générale de la Ville dans ce dispositif. Nous faisons une évaluation pour connaître le pourcentage des jeunes scolarisés impliqués dans un projet culturel. Aujourd'hui, nous sommes à 100 %. Les retombées sont très grandes mais elles ne sont pas immédiates. Au bout de trois ou quatre ans, nous constatons une implication des familles qui se manifestent par le désir d'aller au théâtre ou au musée, de réaliser un travail de réflexion en amont et à l'issue d'une visite culturelle,

---

constitutionnel de libre administration des collectivités et en oubliant au passage que celles-ci respectent, contrairement à lui, la règle d'or d'un endettement limité à financer l'investissement et non le fonctionnement.

ou de rencontrer des acteurs culturels. Car l'éducation artistique et culturelle repose à la fois sur la fréquentation des œuvres, la rencontre avec les artistes, la pratique artistique et l'acquisition des connaissances. Les institutions culturelles bénéficient de ces retours d'expériences très positifs avec un public sensibilisé à la culture[1]... »

Il s'agit bien d'un effort porté de façon volontariste, méthodique et constante. L'idée est de briser le plafond de verre du déterminisme social en permettant aux enfants et adolescents de s'émanciper, de s'accomplir individuellement et de se construire en tant que citoyens. Cette politique nécessite des partenariats : le rectorat et aussi la Direction régionale des affaires culturelles. Concrètement, tous les élèves cannois, depuis la maternelle jusqu'à la terminale et même le supérieur, au sein des établissements publics comme privés, soit environ 18 000 élèves, reçoivent chaque année durant leur temps scolaire un enseignement culturel. Par ailleurs, ils rencontrent des artistes et découvrent des œuvres dans six grands domaines que sont le patrimoine, le livre, le spectacle vivant, les arts visuels, la musique, la culture scientifique et technique. Le magazine *Télérama* a consacré un long reportage à l'expérience cannoise, en notant que « l'investissement dans la culture fait de la ville un laboratoire unique en France[2] ».

Les exemples de cet enseignement et de ces rencontres entre les élèves et des artistes sont multiples. Pour chaque niveau scolaire, pléthore d'opérations en lien avec l'offre culturelle locale, dans tous les domaines artistiques, sont proposées (littérature, théâtre, musique, cinéma, danse, poésie, sculpture, etc.). Elles sont liées aux compagnies et

---

1. Interview donnée à *News Tank Culture*, publiée le 28 juillet 2020.
2. 24 janvier 2018.

équipements permanents ainsi qu'à l'actualité culturelle locale dont les expositions, les nombreux festivals, les résidences d'artistes. Pour illustrer cette vitalité de l'éducation artistique et culturelle, on peut citer la participation de tous les enfants de maternelle à une rencontre dans leur classe avec une compagnie de danse professionnelle avant que ce jeune public n'assiste dans un théâtre municipal au spectacle de danse contemporaine conçu pour eux. La compréhension d'un art et l'imagination en sortent gagnants pour toute la vie. Autre exemple : des écoliers de CM1 et CM2 ont participé à la Nuit européenne des musées, avec en amont un travail en classe sur des œuvres qu'ils ont pu ensuite voir dans un musée de la ville. L'exposition Niki de Saint Phalle à La Malmaison a fait aussi l'objet d'un travail d'initiation aux arts plastiques, de connaissance de grands noms de la discipline, ponctué d'une visite des classes allant de la moyenne section en maternelle au CM1. Du primaire au secondaire, des élèves ont visité le fort royal de l'île Sainte-Marguerite où fut emprisonné le Masque de fer sous Louis XIV. En lien avec leurs enseignements reçus en classe sur le Roi-Soleil, ils ont bénéficié d'une initiation à l'architecture militaire du XVII<sup>e</sup> siècle et au fonctionnement de la justice sous le règne du grand roi[1].

1. Maud Boissac, la très impliquée et compétente directrice de la Culture de la mairie de Cannes, synthétise ainsi l'opération sur le Masque de fer : « 316 élèves ont participé à ce projet. Les élèves ont été associés à la création de l'exposition *L'Homme au masque de fer. Un secret d'État* au musée de la Mer. Ils ont ainsi pu acquérir des connaissances sur l'histoire de l'homme au masque de fer, sur la réalité historique, les sources, et le traitement qu'ont pu en faire des artistes, écrivains et cinéastes. Les interprétations des sources historiques ont été au premier plan. Les temps d'échanges spécifiques à ce projet ont été la sensibilisation à l'histoire du Masque de fer, l'intervention d'un conservateur et des professeurs d'histoire, la visite du fort royal par un médiateur des musées, la participation

Dans un autre registre, durant le Festival Canne-séries, des classes de collège et lycée ont visionné des épisodes de séries télévisées sur des affaires judiciaires. Ils ont décrypté avec les équipes proactives du tribunal et du barreau ce qui relève des techniques de fiction et ce qui renvoie au fonctionnement de l'institution de la justice. Ils ont rencontré aussi des équipes de production et de réalisation de la série, avant de reconstituer dans la salle du tribunal de Cannes un procès lié à l'intrigue étudiée, devant des magistrats, greffiers et avocats. Sur tous les grands festivals, des ateliers de travail préalable et des rencontres avec les artistes sont organisées pour les élèves, y compris pendant le Festival du film, avec notamment la Quinzaine des réalisateurs qui permet à des jeunes de réaliser un court-métrage.

Enfin, chaque résidence d'artistes, par exemple des chorégraphes, écrivains ou scénaristes accueillis régulièrement à Cannes, fait l'objet d'un projet pédagogique de connaissance de la discipline. Les élèves pratiquent celle-ci en ateliers, rencontrent bien sûr les artistes et découvrent un spectacle ou une œuvre. Cette action concerne essentiellement les élèves du secondaire mais aussi des étudiants en enseignement supérieur.

Dans cet esprit et à titre d'exemple, le dispositif « Orchestre à l'école » comprenant des ateliers de pratique musicale dans 150 classes de la ville, notamment en réseau d'éducation prioritaire, permet aux enfants d'apprendre, probablement avec plaisir mais toujours avec discipline, la pratique d'un instrument. Philippe Borri, professeur au

---

à un atelier de paléographie sur des textes liés à l'histoire du Masque de fer par des agents du service des archives, une création artistique des élèves sur le thème du Masque de fer, encadrée par les professeurs d'arts plastiques et de métallurgie au lycée professionnel Hutinel et de couture, spectacle-costume de scène au lycée professionnel Les Coteaux. »

conservatoire de Cannes, note que cette action permet de faire « avant tout des gamins heureux, qui coopèrent sans s'en rendre compte – car on ne peut jouer ou chanter ensemble si l'on n'est pas à l'écoute de l'autre[1] ».

Cette démarche implique une très forte implication de tous les centres municipaux de ressources culturelles (dont le conservatoire, les archives, le théâtre conventionné d'intérêt national « Art, enfance et jeunesse », cinq médiathèques, les musées, le pôle d'art contemporain), mais aussi des associations culturelles aussi diverses que l'Orchestre Cannes-Paca, le pôle national supérieur de danse Rosella-Hightower, l'école d'enseignement supérieur d'acteurs (ERAC), le Festival de Cannes...

Il ne s'agit ici que de quelques exemples d'actions. Cette politique volontariste a un coût ; il est quasi intégralement assuré par la municipalité[2], avec des soutiens ciblés du département des Alpes-Maritimes et de la Région. La culture est d'ailleurs devenue le premier poste budgétaire de la Ville. Ce choix n'est pas anodin, dans une commune qui possède historiquement un taux de pauvreté élevé (presque 20 % contre une moyenne française de 14 %) et de très grandes disparités de revenus. La « culture pour chacun » est donc (pour la Mairie de Cannes) un moyen essentiel de cohésion sociale, un facteur d'égalité des chances et un outil de civisme pour « refaire communauté[3] ». Historiquement village provençal de pêcheurs, Cannes

1. « Cannes. Un modèle qui peut faire école ? », *Télérama*, 24 janvier 2018.

2. 85 % du coût des opérations et de l'enseignement au titre de l'éducation artistique et culturelle sont financés par la Mairie de Cannes, le reste se répartissant entre l'État, la Région et le Département.

3. Jean-Michel Arnaud et David Lisnard, *Refaire communauté. Pour en finir avec l'incivisme*, Hermann, 2018.

a accueilli une immigration pauvre depuis le XIXe siècle et des diasporas, tout en devenant parallèlement un lieu de villégiature internationale et de tourisme. Œuvrer à un grand dénominateur commun culturel trouve ici toute son utilité. Les opérateurs culturels percevant des subventions municipales doivent obligatoirement développer un projet de transmission artistique et créer un partenariat avec les établissements scolaires et les institutions accueillant des enfants et des jeunes.

Ce dispositif d'éducation artistique et culturel ne s'arrête pas aux établissements scolaires. Il concerne aussi les structures qui accueillent des jeunes hors du temps scolaire mais également les établissements et relais socio-éducatifs, tels les crèches, les réseaux d'assistantes maternelles, l'hôpital, des Ehpad, les centres sociaux, etc.

Cette évocation est d'ailleurs l'occasion de souligner que l'art a aussi des vertus thérapeutiques ! L'être humain n'est pas qu'une réalité biologique, mais également spirituelle et culturelle. L'équilibre psychique et dans une certaine mesure la santé résultent de l'étroite interaction entre ces deux dimensions[1]. C'est pourquoi, en symbiose avec le programme d'actions engagées par la mairie, le centre hospitalier Simone Veil de Cannes a engagé de nombreuses actions culturelles, parmi lesquelles « Art-thérapie », développée en psychiatrie, qui se traduit par la découverte de nombreuses expositions. Il dispose aussi d'une chorale de soignants, « Les

1. Didier Sicard, emblématique ancien chef de service de médecine interne à l'hôpital Cochin et qui présida le Comité consultatif national d'éthique, le dit parfaitement : « une médecine qui serait tournée sur elle-même n'a pas de sens. Et réduire l'hôpital à la guérison du corps me semble une erreur. C'est pour cela que je me suis tellement battu pour introduire l'art à l'hôpital. », interview publiée le 21 janvier 2021 dans *Le Monde*.

blouses brothers », qui fédère les agents et propose depuis décembre 2019 des concerts aux patients afin d'alléger leur quotidien. D'autres concerts sont organisés sur le site de l'hôpital dans le cadre d'un partenariat avec le conservatoire municipal de Cannes. Le centre hospitalier présente également des expositions de photos et de nombreuses œuvres d'art. Les résidents de l'Ehpad de l'hôpital participent aussi au projet « Mots barrières & Mots dans l'air : Écrire ensemble contre le virus » sous l'égide du réseau des médiathèques.

Il existe un préalable absolu : il ne peut être question de laisser seuls dans la nature tous les intervenants dans le domaine de l'EAC. En effet, « deux problématiques se posent pour promouvoir le développement de l'éducation artistique et culturelle dans nos territoires : la première consiste à faire davantage entrer les artistes dans les établissements scolaires, ce qui implique une formation dédiée. L'autre problématique concerne la nécessité de faire bénéficier l'ensemble des enseignants d'une formation d'éducation artistique et culturelle afin de mieux travailler avec le monde de la culture[1] », souligne le recteur Emmanuel Ethis, à l'initiative de la création de l'INSEAC. Un plan de formation conjoint a été conçu pour les enseignants, les agents des collectivités, les éducateurs culturels nommés à tort « médiateurs », les animateurs des centres de loisirs, les personnels des établissements socio-éducatifs précités dont les crèches. Un comité de pilotage effectue le suivi et l'évaluation de cette politique cannoise du « 100 % EAC ».

L'intérêt pour la population locale est évident. Un des autres effets positifs collatéraux de l'éducation artistique et culturelle ainsi déployée de façon large et partenariale

1. Interview dans *News Tank Culture* précitée.

est de renforcer la filière culturelle locale, l'offre des structures privées et publiques qui la constituent, leur viabilité économique et une rencontre avec un public de plus en plus diversifié et de plus en plus cultivé.

Cannes n'est évidemment pas seule à s'être engagée dans cette voie. On peut citer le remarquable travail tout au long de l'année à Rennes des Trans Musicales à destination du jeune public, ou encore l'action volontariste de la commune de Guingamp, ville qui a été retenue pour accueillir le futur Institut national supérieur de l'éducation artistique et culturelle (INSEAC) dont la première rentrée est prévue à l'automne 2021.

Outre cette multitude de communes qui innovent et s'engagent dans l'éducation artistique et culturelle, des Départements et des Régions s'impliquent aussi fortement dans des zones urbaines denses et complexes afin de soutenir les initiatives locales hélas souvent délaissées par l'État.

Les établissements publics culturels ne sont pas en reste pour proposer des initiatives très fortes. Des dizaines d'exemples pourraient être cités. Ainsi, la Philharmonie de Paris a développé le « Dispositif d'éducation musicale et orchestrale à vocation sociale » (Démos). Ce projet s'adresse à des jeunes de 7 à 12 ans qui habitent dans des quartiers relevant de la politique de la ville ou dans des zones de revitalisation rurale.

Pendant les trois ans que dure le projet, un instrument de musique est confié à chaque enfant et lui est offert s'il continue la musique. Ces élèves suivent trois à quatre heures de cours par semaine et jouent régulièrement dans leur orchestre avant de venir se présenter sur la grande scène de la Philharmonie de Paris ; 4 500 jeunes sont aujourd'hui concernés, dans toute la France ! Ce dispositif s'inspire d'El Sistema, une organisation créée au Venezuela en 1975 par José Antonio Abreu et dont l'objectif fou était d'offrir un instrument de musique à des jeunes dans les favelas pour les obliger à sortir de leur univers et venir passer leur temps extra-scolaire dans l'apprentissage de la musique et d'un instrument. Les résultats sont spectaculaires et El Sistema réunit aujourd'hui plus de 300 000 enfants !

D'autres projets se développent aussi en lien avec l'Éducation nationale, tel le programme « Dix mois d'école et d'Opéra » de l'Opéra national de Paris en lien avec les rectorats de Paris, Versailles et Créteil. Là encore, le principe est simple. Des classes issues d'écoles, de collèges et de lycées en zone d'éducation prioritaire passent une ou deux années scolaires dans un jumelage avec l'Opéra de Paris. Les élèves viennent rencontrer et travailler avec les professionnels de la grande maison. L'objectif n'est pas qu'ils deviennent tous des chanteurs, musiciens ou danseurs. L'idée est davantage de leur démontrer que, quelle soit la spécialité qu'ils auront choisie pour leur vie professionnelle, ils peuvent trouver leur place à l'Opéra, même s'ils viennent de quartiers difficiles, à une seule et très réactionnaire condition : l'excellence de leur travail ! La seule véritable exigence est que l'ensemble des enseignants et des directeurs d'établissements scolaires soient volontaires et motivés pour suivre ce programme.

Les effets sont spectaculaires : les résultats scolaires s'améliorent et, surtout, toute la communauté pédagogique s'empare de cet échange pour orienter leurs cours : le solfège n'est-il pas un formidable moyen d'enseigner les mathématiques ? *Les Noces de Figaro* n'annoncent-elles et n'apprennent-elles pas les grands mouvements sociaux de la fin du XVIII$^{e}$ siècle ? Comment fonctionnent les cordes vocales en sciences ? Enfin, « Dix mois d'école et d'Opéra » redonnent à ces jeunes ce qui souvent leur manque cruellement : la fierté et la confiance. Il n'y a rien de plus bouleversant que de voir ces élèves inviter et accompagner leurs parents au spectacle de fin d'année à l'Opéra de Paris. Cette façade et ce lieu majestueux qu'ils n'avaient jamais regardés avant, ou seulement pour se dire qu'ils n'y avaient pas leur place, étaient devenus familiers, presque leur outil de travail qu'ils présentaient avec joie à leurs proches.

Tant d'autres merveilleuses initiatives non parisiennes mériteraient amplement d'être citées. Toutefois, quels que soient leur intérêt, leur caractère novateur, leur exemplarité, elles demeurent des gouttes d'eau – 2 500 jeunes pour la Philharmonie, 1 100 élèves par an pour « Dix mois d'école et d'Opéra » – et relèvent d'initiatives d'établissements publics culturels qui ont, par nature, des moyens limités. Tout cela n'intéresse pas vraiment la rue de Grenelle et, loin des discours officiels au plus haut niveau, les indifférences, réticences et blocages sont malheureusement nombreux.

## Obstacles et réticences

Ce n'est pas faire injure à l'Éducation nationale que de relever une réelle réticence à la concrétisation du 100 % EAC et constater ses présupposés – parfois idéologiques – qui s'opposent à une véritable présence de l'instruction artistique et culturelle au cœur du parcours éducatif des élèves. La faiblesse des moyens financiers qu'elle y consacre dans un contexte à la fois d'excès de dépenses publiques, mais aussi de pénurie de crédits ministériels sur ces questions en est un autre témoignage. La formation des enseignants sur ces sujets est réduite au strict minimum : aucun CAPES, aucune agrégation. Qui doit enseigner l'histoire de l'art : le professeur d'histoire ? le professeur de français ?

La rue de Grenelle demeure pour le moins sceptique sur tous ces sujets. Il suffit de lire le rapport d'août 2017 de l'inspection générale de l'Éducation nationale intitulé « L'évaluation de la politique d'éducation artistique et culturelle : quelles modalités, quels indicateurs[1] ? ». En introduction, les rédacteurs estiment d'emblée que « les actions d'EAC manquent de cohérence et de capacité d'évaluation en l'absence d'une matrice commune de savoirs et de méthodologie ». Leur formulation est certes alambiquée mais pas très difficile à déchiffrer. La suite, écrite dans cet insupportable verbiage[2] du ministère, essaie de déconstruire pièce par pièce l'intérêt de l'éducation artistique et culturelle : « C'est à la naissance de chaque action et de chaque projet que la conception d'outils et d'indicateurs d'évaluation, tout en tenant compte des spécificités locales, devra tirer parti des références nationales existantes : le référentiel du parcours, le guide de mise en œuvre, mais également le socle commun de connaissances, de compétences et de culture. C'est à cette condition qu'une stratégie évaluative, qu'elle repose sur le regard expert des professeurs et des acteurs culturels, ou qu'elle mobilise le regard réflexif des élèves sur leurs propres apprentissages, identifiera la plus-value éducative et s'imposera à la diversité considérable du champ de l'EAC. »

Nous pourrions multiplier les citations. Il suffit de lire le sommaire pour se rendre compte de l'enthousiasme très modéré des rédacteurs à l'égard des actions d'éducation

1. Rapport IGEN-IGAENR n° 2017-059, août 2017, consultable sur le site internet du ministère de l'Éducation nationale.

2. Tout le monde se souvient qu'un simple ballon devient un « référentiel bondissant » dans le jargon de la rue de Grenelle...

artistique et culturelle : « L'EAC aujourd'hui, des réalités qui rendent complexe son évaluation », « un foisonnement d'actions, mais des difficultés à en mesurer la juste répartition sur tous les territoires », ou encore « une politique de l'opportunité insuffisamment régulée », « un défaut de lisibilité et de visibilité », « l'EAC formalisée en parcours : une nouvelle complexité à mettre œuvre et à évaluer », « le parcours de l'élève : une notion en cours d'appropriation dont l'évaluation des effets apparaît prématurée », et plus loin « l'extrême difficulté d'évaluer des effets de l'EAC ». Cachez votre joie...

On peut toutefois comprendre ces réticences car la rue de Grenelle se comporte devant l'éducation artistique et culturelle comme une poule devant un couteau. La première difficulté est de former les enseignants pour veiller à un degré suffisant de cohérence de l'instruction prodiguée. En effet, comment préparer des élèves à « recevoir » une œuvre ? Illustrons par un exemple très simple : si l'on veut montrer à des élèves dans un ciné-club le mythique *2001, l'Odyssée de l'espace* de Stanley Kubrick, il est indispensable de leur donner des codes de compréhension du film et de les prévenir qu'ils peuvent ne pas être saisis par la grâce de l'œuvre. À défaut de cela, l'effet boomerang sera dévastateur. Certains élèves seront à l'aise, une majorité indifférente, d'autres passeront à côté et en déduiront que ce n'est pas fait pour eux, pire qu'ils ne sont pas capables de comprendre ; tout le contraire de l'objectif de l'EAC qui est de donner confiance. Et la fracture culturelle contre laquelle on est censé lutter s'amplifiera ! C'est pourquoi il ne suffit pas pour promouvoir la culture auprès d'un plus large public de « mettre l'art dans la rue », au prétexte qu'« il en restera toujours quelque chose ». Installer des œuvres monumentales dans les espaces publics, y compris classiques, peut susciter le rejet ou, pire, l'indifférence. L'explication, le débat, la formation même doivent toujours accompagner ce type de démarche.

Il est donc nécessaire de développer une politique culturelle de la demande, par la formation du public, dont l'objectif « 100 % EAC » est le pilier. Depuis trop longtemps, et dans le meilleur des cas, les milieux éducatifs et culturels se sont contentés d'une action sur l'offre en matière de culture, en pensant que « le reste » – c'est-à-dire le *vulgum pecus* – suivrait ! Les résultats sont là : un échec flagrant de la démocratisation culturelle, voire, pour les plus pessimistes, une régression de la capacité globale de la population à recevoir les grandes œuvres en raison du renoncement à l'effort éducatif.

Les enseignants, et dans une certaine mesure les artistes partenaires, doivent donc être formés à la transmission culturelle. C'est ce qui a guidé la future création de l'INSEAC citée plus haut pour diffuser un référentiel pédagogique commun. Il s'agira d'une expérience dont il conviendra d'analyser l'efficacité pour envisager sa généralisation à l'échelle d'une réelle ambition pour une politique nationale de l'éducation artistique et culturelle.

Hors des grandes communes et agglomérations qui ont la capacité et souvent la volonté d'agir en la matière, l'implication des autres collectivités territoriales, en l'occurrence les Départements et les Régions, est essentielle, notamment pour le financement du transport des élèves vers les lieux culturels. Il ne serait pas envisageable qu'aux multiples fractures que subissent déjà certains de nos compatriotes on ajoute l'injustice territoriale. Pour autant, le maillage et le nombre de lieux culturels sont suffisants en France pour éviter une trop grande disparité. Et il n'est pas un problème que les élèves aillent au même endroit dans un cycle d'enseignement et fréquentent les mêmes lieux culturels : un sentiment bienvenu d'appropriation, voire d'acculturation peut en naître.

L'objectif que l'État devrait poursuivre, en lien avec les collectivités territoriales, est de construire, tout au long de la scolarité, du primaire aux études supérieures, un véritable cursus d'éducation artistique et culturelle. Pour le dire simplement, chaque élève, partout en France, chaque année, devrait assister à un ou plusieurs spectacles et se rendre dans des musées, monuments, salles de cinéma. Il ne devrait pas être possible de quitter le lycée sans avoir vu au moins un opéra, un spectacle de danse, plusieurs pièces de théâtre et des films. Il en va de même pour les musées, expositions et monuments. Évidemment, chacun de ces déplacements devra être préparé soigneusement par les professeurs avec leurs élèves afin de leur donner les principales clés de ce qu'ils vont voir, écouter, ressentir.

## Une épreuve obligatoire portant sur l'EAC au baccalauréat

Il existe une autre façon d'obtenir la mobilisation générale et non plus aléatoire des responsables du ministère de l'Éducation nationale et des enseignants : instaurer une épreuve obligatoire d'EAC au baccalauréat, dans toutes les sections. Mais pour cela, il faut une volonté politique forte au sommet de l'État, pour vaincre l'hostilité du ministère de l'Éducation nationale.

Dans cette hypothèse, il faut poser clairement la question des connaissances culturelles essentielles à enseigner impérativement à tous les élèves de France. L'enjeu est majeur pour ressouder la nation et faire de chaque futur citoyen le dépositaire d'un patrimoine culturel commun, à entretenir et développer.

Transmettre l'éducation artistique et culturelle à l'échelle du pays, à tous les élèves dans chaque classe de chaque établissement scolaire, nécessite d'abord d'en définir l'objet. Or, des décennies de postmodernité, dont l'esprit soixante-huitard est l'expression la moins élaborée mais pas la moins présente au sein de l'Éducation nationale, ont remis en cause non seulement la réalité de l'existence d'œuvres d'art d'un niveau supérieur à d'autres créations, dont la connaissance devrait être intégrée par chaque enfant et adolescent, mais aussi le principe même de la transmission et de la pertinence d'un tel apprentissage.

Cette étape est la condition *sine qua non* pour réconcilier la culture institutionnalisée, dont nous pensons qu'elle est indispensable comme fondement d'un patrimoine intellectuel commun, et pour construire une pensée individuelle qui forge la liberté et la capacité d'émancipation, y compris, le cas échéant, par la transgression. Mieux, c'est l'une qui favorise l'autre et *vice versa*, n'en déplaise à tous ceux qui ont rabâché pendant la seconde moitié du XX^e^ siècle que les savoirs académiques communs aliènent et nuisent à la singularité de la création individuelle. La connaissance des mouvements artistiques et la haute maîtrise des techniques d'interprétation n'ont pas empêché Picasso ou Dali, Debussy ou Pierre Henry, Maurice Béjart ou Pina Bausch, pour ne prendre que quelques exemples évidents et emblématiques, de réinventer leur art par de durables ruptures expressives qui deviennent elles-mêmes des éléments du patrimoine académique culturel.

**Déconstruire le déconstructionnisme**

L'éducation artistique et culturelle doit en conséquence sortir de l'idéologie dérivée du déconstructionnisme. Pour bien comprendre le combat à mener contre les ressorts de cette doxa, citons quelques extraits d'*Asphyxiante culture*, ouvrage de combat de Jean Dubuffet, publié en 1968, contre la culture institutionnelle, parfaitement emblématique de cette époque où de jeunes privilégiés s'offusquaient que personne ne songeât à souffler sur leur soupe jugée trop chaude. Après avoir exhorté les individus à s'opposer à l'ordre social (forcément aliénant) en les invitant à pratiquer « le caprice, l'indépendance, la rébellion », le grand artiste peintre rejette toute idée même de hiérarchie entre les œuvres, donc de leur conservation et exposition muséographique, et assène que « l'important est d'être contre ». Pour cela, Jean Dubuffet, avec au moins le mérite et la franchise de nous éclairer sur les intentions des apôtres de la déconstruction, donne son programme : « Il serait temps maintenant de fonder des instituts de déculturation, sortes de gymnases nihilistes où serait délivré, par des moniteurs spécialement lucides, un enseignement de déconditionnement et de démystification étendu sur plusieurs années, de manière à doter la nation d'un corps de négateurs solidement entraînés qui maintienne vivante, au moins en de petits cercles isolés et exceptionnels, au milieu du grand déferlement général d'accord culturel, la protestation[1]. » En toute logique, cette logorrhée insensée, si caractéristique de cette époque, aurait dû susciter au pire l'indifférence,

1. Jean Dubuffet, *Asphyxiante culture*, Éditions de Minuit, 1968.

au mieux l'apitoiement. Le plus stupéfiant est que les décennies suivantes ont vu non seulement son vœu exaucé, mais bien plus, l'inversion totale du « déferlement » jusqu'à l'appauvrissement actuel du corpus culturel transmis aux élèves, au détriment des classes sociales les moins aisées, les autres trouvant les ressources domestiques pour faire accéder leurs enfants au savoir et à la connaissance. Seuls les moins favorisés sont sacrifiés, une fois de plus, par ces faux prophètes.

Pour répondre à l'objectif essentiel de démocratisation de la culture pour œuvrer au mérite républicain et créer une réelle égalité des chances, il est plus que temps d'inverser le mouvement et de définir une liste de cinquante ou cent œuvres majeures du patrimoine national dont la connaissance doit absolument, méthodiquement et rigoureusement être transmise à nos enfants. Les médias publics devraient voir inscrite dans leur cahier des charges l'obligation de diffuser des modules audiovisuels et numériques les concernant. Ces grandes œuvres de l'esprit – littéraires, théâtrales, musicales, picturales, architecturales, poétiques, cinématographiques, sculpturales, etc. – seraient celles qui ont survécu à leur auteur et résisté au temps, révélatrices d'une esthétique voire d'une vibration propre au « génie français », mais aussi de l'universalité que comporte chaque élévation artistique. Les choisir fera polémique ? Tant mieux ! Il en résultera enfin un débat stimulant autour de propositions, dont la sélection permettra déjà à chacun de s'interroger sur les valeurs des œuvres d'art, les fluctuations du goût, des modes et représentations sociales, en distinguant ce qui relève du divertissement de ce qui sera un pilier intemporel de la création devenue patrimoine. Ce répertoire commun, qui pourra évoluer avec le temps, marquera la différence entre le durable et l'éphémère, le mûr et l'instantané, le profond et le léger.

Tout ne se vaut pas. Car si tout se vaut, rien ne vaut ; et c'est le malentendu postmoderne qui prospère et alimente les dérives nihilistes de notre époque. C'est pourquoi nous proposons qu'une telle liste soit élaborée. Elle serait ainsi connue de tous les Français comme élément structurant de l'éducation et de notre identité culturelle nationale, dont l'enseignement progressif, durant toute la scolarité à chaque élève de chaque classe de chaque établissement scolaire du pays, apporterait du sens, comme signification et comme direction, et du lien dans la société.

Cette liste sera, entre autres, au cœur de la nouvelle épreuve obligatoire d'EAC au baccalauréat. Il faut évidemment une épreuve orale qui porte sur l'une des œuvres inscrites à ce répertoire de notre patrimoine culturel que l'élève aura étudiées tout au long de sa scolarité et dont il aura fait une sélection avec ses enseignants. L'examinateur fera un choix et entendra le candidat. Par ailleurs, il serait envisageable de prévoir également un volet pratique. À l'instar du baccalauréat en éducation physique où l'étudiant en terminale peut être noté sur la pratique d'un sport individuel, voire collectif, pourquoi ne serait-il pas possible d'évaluer un élève qui participe à un orchestre, joue dans une pièce de théâtre, chante dans une chorale, réalise un film ou une œuvre d'art pendant toute l'année sous la houlette d'un professeur ?

Hannah Arendt avait perçu cette nécessité en matière d'éducation dans son ouvrage *La Crise de la culture*, avec des propos qui créent encore des convulsions rue de Grenelle : « C'est justement pour préserver ce qui est neuf et révolutionnaire dans chaque enfant que l'éducation doit être conservatrice ; elle doit protéger cette nouveauté et l'introduire comme un ferment nouveau dans un monde déjà vieux qui, si révolutionnaires que puissent être ses actes, est, du point de vue de la génération suivante, suranné et proche de la ruine[1]. »

Arendt va plus loin en plaidant pour que les adultes assument leur rôle éducatif, notamment dans le domaine de l'art et de la culture. Sans les connaître, mais bien irriguée par la pensée de Tocqueville, elle avait déjà perçu le danger des réseaux sociaux : « Affranchi de l'autorité des adultes, l'enfant n'a donc pas été libéré, mais soumis à une autorité bien plus effrayante et vraiment tyrannique : la tyrannie de la majorité[2]. »

Pour Arendt, la crise de la culture naît de la rupture entre le monde moderne et la tradition. Selon elle, il convient de restaurer l'autorité, c'est-à-dire retrouver les fondations de la tradition car « l'autorité implique l'obéissance dans laquelle les hommes gardent leur liberté ». Elle s'illustre pour ce qui nous concerne par l'autorité d'une œuvre d'art enseignée comme lien entre le passé et le présent qui est une des conditions de notre capacité collective à vivre en responsabilité, donc en liberté, et par conséquent en démocratie.

Tel est aussi l'enjeu de l'éducation artistique et culturelle si elle est considérée à sa juste dimension et échappe à « l'esprit de petitesse[3] » dénoncé par Philippe Caubet dans son pamphlet au titre éponyme. L'avocat écrivain y pourfend les faiblesses aliénantes qui caractériseraient notre époque, si dommageable, pour notre jeunesse : soumission au principe de précaution, excès de

---

1. Hannah Arendt, *La Crise de la culture*, Gallimard, coll. « Folio », 1972.
2. *Ibid.*
3. Philippe Caubet, *L'Esprit de petitesse*, Buchet/Chastel, 2014.

bavardages numériques médiocres, futilités distrayantes et politiquement correctes en lieu et place de la belle langue, des grandes œuvres, de la recherche de grandeur. Il en résulterait une forme de nouvelle barbarie, par définition contraire à la culture, dans un phénomène d'abandon de la rigueur de la pensée pourtant nécessaire à la conscience civique. Tout ce qui œuvre dès lors à rétablir la capacité de construction du raisonnement est bienvenu, dont bien sûr la culture scientifique.

## La culture artistique au service de la culture scientifique et *vice versa*

L'enseignement de la culture scientifique, par l'histoire des sciences et la maîtrise des grands concepts, n'a pas seulement vocation à former des chercheurs ou des ingénieurs. Elle permet aussi de compter des citoyens avertis, capables de contribuer à une praxis démocratique de qualité, de résister aux effets compulsifs de l'immédiateté numérique, y compris émotionnelle, de lutter contre les biais cognitifs – bien identifiés par les travaux de la psychologie sociale – qui alimentent, entre autres, la radicalité et l'hystérisation manichéenne de l'actualité et de la vie politique, dont l'intensité des prises de parole est souvent proportionnelle à la vacuité des réflexions.

Il ne revient pas ici de décrire et d'analyser ces phénomènes d'appauvrissement et d'« ensauvagement » du débat[1]. Parmi les biais cognitifs classiques, celui de la confusion entre ce qui relève de la coïncidence, de

1. Pour se persuader de cette réalité, il suffit par exemple de se remémorer les innombrables affirmations, controverses, altercations autour des traitements potentiels de l'épidémie durant le pic de la crise du coronavirus Covid-19.

la corrélation et de la causalité a prospéré et pollué toute approche rationnelle des décisions à prendre par les responsables politiques, confusion que certains de ces derniers, parfois à des fonctions éminentes, ont contribué à alimenter. La culture scientifique est bien une nécessité démocratique.

Or, comme l'ont révélé plusieurs expériences pédagogiques, l'accès à la culture scientifique peut largement être facilité par le prisme d'une approche artistique. L'EAC promeut l'éducation à l'art mais aussi l'éducation par l'art. Parmi les initiatives en la matière, on peut citer le travail remarquable mené auprès de collégiens et lycéens par le physicien et universitaire Pierre Coullet, à partir de l'œuvre d'un autre Azuréen, l'artiste Edmond Vernassa : une application numérique a été développée à partir des peintures et sculptures de l'artiste, qui permet de réaliser des simulations aidant à comprendre sa démarche scientifique, mais aussi des concepts mathématiques qu'il utilise. C'est ainsi tout un projet éducatif « Art et Science » qui est mis en œuvre par l'Université Côte-d'Azur autour de l'Espace Vernassa. Toujours dans ce souci d'apprentissage de la culture scientifique en lien avec des expériences physiques et une approche artistique, Pierre Coullet avait également mené l'opération « Optique et géométrie au collège et au lycée » dans quatre collèges de l'académie, à partir d'un grand miroir concave éclairé par un projecteur et permettant, entre autres, des réalisations esthétiques à portée pédagogique scientifique[1].

1. Ce travail est actuellement repris par l'université du Chili dans un projet international, dit « Projet Euclide », ainsi présenté : « Un contexte de culture scientifique : quinze ans d'activité de culture scientifique dans le domaine des mathématiques, de la physique, de l'histoire des sciences et de l'éducation.

***

Sciences, arts, philosophie sont trois matières à lier pour prémunir les futurs citoyens de bien des maux de notre époque. Car notre démocratie est en danger. Avec les défis climatiques, numériques et démographiques, il s'agit du plus grand enjeu de cette première moitié du XXI^e^ siècle. L'organisation du pouvoir politique fondée sur le libre choix des citoyens dans le cadre d'un État de droit est doublement menacée. Elle l'est par les attaques idéologiques extérieures qu'elle subit régulièrement des dictatures, et *a fortiori* de tous les systèmes à tendance totalitaire, dont l'expression actuelle la plus redoutable est le terrorisme islamiste qui a succédé aux totalitarismes communistes et fascistes du siècle précédent. Il convient aussi d'avoir à l'esprit le danger que pourrait revêtir, sous couvert de recherche de l'efficacité sécuritaire, l'importation du système chinois d'hypercontrôle de la société par les technologies de traçage numérique permanent des individus, aux mains d'un parti unique au pouvoir.

– Histoire des sciences : la lecture des textes anciens permet de replacer la science dans un contexte culturel. C'est l'histoire des savants grecs, arabes et latins jusqu'au XVII^e^ siècle.

– Éducation : nous avons mis à profit l'existence d'un enseignement élémentaire de géométrie au collège. Cela permet d'introduire un nombre important de concepts de la physique de base à l'aide d'un outil mathématique élémentaire. Nous avons adapté les raisonnements des géomètres au niveau du collège à la deuxième année de l'université et proposé de nombreuses activités expérimentales qui ont été validées, notamment dans le cadre du programme MEDITES. Nous avons fabriqué de nombreux objets en Plexiglas pour illustrer ces concepts. En même temps, un grand nombre de simulations interactives développées sur iPhone et iPad ont permis de donner un caractère ludique à cette expérience éducative. »

Parallèlement, la menace qui pèse sur les démocraties est certainement encore plus forte de l'intérieur, par ces forces centrifuges déjà évoquées plus haut, qui toutes accompagnent l'affaiblissement de la cohérence nationale et la crise de la citoyenneté manifestée notamment par le recul de la raison face à l'emballement émotionnel et moralisateur de l'information sur les réseaux dits sociaux ou plus classiquement médiatiques.

« Notre héritage n'est précédé d'aucun testament[1] », nous a puissamment dit le poète René Char. Avec l'éducation artistique et culturelle, chaque Français, quel qu'il soit, peut et doit devenir un « héritier transmetteur » et, le cas échéant, « contributeur » d'une grande culture commune. Si l'on admet qu'un patrimoine culturel collectif et la capacité individuelle de création sont les sources d'une société apaisée par la cohérence entre eux des individus qui la composent, alors la définition d'un dénominateur artistique commun devient une priorité politique absolue, pour ressouder la nation en transcendant les différences individuelles, contribuer à donner une conscience positive à la communauté nationale tournée vers les belles choses de l'esprit, rassembler autour des valeurs qui conditionnent la création et la transmission des œuvres. Cela suscitera-t-il chez les Français le sens du sacrifice pour défendre lesdites valeurs face au nivellement par le bas, à la « *cancel culture* », à l'obscurantisme exterminateur ? Nous voilà à la croisée des chemins. Celui de l'éducation artistique et culturelle est une voie pertinente à emprunter.

1. René Char, *Feuillets d'Hypnos*, Gallimard, 1946.

## 2

# Le bonheur est dans le patrimoine

> « Le présent, nous y sommes attachés. L'avenir, nous le fabriquons dans notre imagination. Seul le passé, quand nous ne le refabriquons pas, est réalité pure. »
>
> Simone Weil,
> *La Pesanteur et la Grâce.*

Que n'a-t-on pas dit sur notre patrimoine ? Une passion française, une exception française, un bonheur français aussi. Mais au-delà des concepts, il faut mesurer à quel point le patrimoine irrigue notre vie. Quel Parisien, quel touriste n'est pas marqué par la splendeur de l'architecture de notre capitale ? Quel habitant de nos campagnes, de nos villes, grandes ou moyennes, ne vit pas à proximité d'un joyau que nos ancêtres ont eu le bon goût de semer un peu partout sur notre territoire ? Il est frappant de constater que chaque personne est toujours capable d'évoquer, les yeux brillants, un bijou de notre patrimoine situé dans son environnement direct. En dehors de l'Italie et de l'Angleterre, quel pays peut se targuer de compter une telle densité de trésors architecturaux sur tout son territoire ?

La France dénombre 44 000 monuments historiques dits « inscrits » ou « classés », ce qui montre notre incroyable richesse. La moitié d'entre eux appartient à des particuliers. Les communes en possèdent près de 19 000, soit 43 %. Les plus insignes sont propriétés de l'État, parfois des Régions ou des Départements.

## Sans patrimoine, pas d'avenir

Parallèlement, d'autres chiffres sont hélas beaucoup plus inquiétants : 20 % de ces monuments sont profondément dégradés et 7 %, soit près de 3 000, peuvent être considérés en péril. La raison est simple : les propriétaires privés n'ont pas toujours les moyens financiers d'entretenir et de rénover leur patrimoine, et les petites communes sont financièrement exsangues avec des maires qui sont confrontés en permanence à des injonctions contradictoires entre les demandes de leurs concitoyens, les normes sans cesse grandissantes – il ne s'agit pas de les critiquer mais de constater qu'elles provoquent des surcoûts parfois insensés[1] – et les pouvoirs toujours plus nombreux confiés par l'État sans que, pour autant, les financements suivent... Le maire d'une petite commune est devenu une sorte de Shiva solitaire, que des diablotins privés et publics titillent en permanence avec leurs fourches malignes.

Fruit de siècles de travail, de trésors de connaissance, de tant de douleurs et de drames, ce patrimoine nous appartient pour le présent et il nous oblige pour

1. Les personnes qui en douteraient sont invitées à demander à un élu local ce que coûte l'installation de simples jeux pour enfants dans un jardin public...

l'avenir. Comment n'être pas fasciné par l'élan mystique qui emporta les bâtisseurs des cathédrales gothiques, de la Sainte-Chapelle ou des châteaux cathares ? Comment ne pas être profondément ému par cette soif de beauté et de goût dont nos ancêtres ont su faire preuve en construisant les châteaux de la Loire, Fontainebleau ou Versailles ? Comment ne pas être émerveillé par le raffinement des objets d'art, meubles, orfèvrerie alors que les moyens techniques étaient rudimentaires et que nos ancêtres subissaient en permanence guerres et famines, sans compter une mortalité effrayante ? Trouvera-t-on demain un service à café qui dépasse la beauté des porcelaines de Sèvres ou un meuble qui soit plus élégant qu'une commode de Riesener ? S'il est important que la création contemporaine architecturale ou en objets d'art continue d'être bien vivante, nous ne devons surtout pas oublier que ces siècles d'histoire nous obligent à transmettre aux plus jeunes les merveilles que nos ancêtres ont construites de leurs mains et qui ont dû leur donner un sentiment d'éternité. Préserver notre patrimoine signifie simplement à nos aïeux qu'ils ne sont pas oubliés et que notre génération leur transmet un salut admiratif pour ce qu'ils ont bâti. C'est ainsi que Renan définit la nation comme l'aboutissement d'un long passé d'efforts, de sacrifices et de dévouement : « Avoir fait de grandes choses ensemble, vouloir en faire encore, voilà les conditions essentielles pour être un peuple. » C'est le sens de la civilisation.

On pourrait donc concevoir que la France, mère des arts, des armes et des lois, terre enviée dans le monde entier pour sa culture et son patrimoine, dépense sans compter pour le préserver. Au bout du compte, l'État consacre près de 320 millions d'euros pour son patrimoine, soit moins de 10 % du budget du ministère de la

Culture, qui lui-même peine à atteindre 1 % du budget de la nation, soit un peu plus de 7 200 euros par an et par monument historique ! Heureusement, les collectivités locales et les propriétaires privés compensent cette étonnante pingrerie d'un État qu'on connaît tellement plus dépensier par ailleurs.

À ce drame financier s'ajoutent bien d'autres difficultés. Pour éviter les grosses réparations et les factures qui y sont liées, il est essentiel d'entretenir notre patrimoine. Il n'est pas très compliqué de comprendre qu'il est préférable de déboucher une gouttière ou un chéneau que de laisser l'eau s'infiltrer dans une charpente, obligeant à la refaire. Il est plus logique de réparer un bout de mur avant que ce dernier ne s'effondre entièrement. Or, notre organisation administrative se prête mal à ce travail du quotidien, souvent invisible, jamais spectaculaire. Les architectes des Bâtiments de France (ABF) et les architectes en chef des Monuments historiques (ACMH) ne sont ni formés ni encouragés à construire des plans d'entretien courant. Si les plus grandes institutions ou les plus grandes collectivités locales ou territoriales disposent souvent d'équipes compétentes pour établir un programme d'entretien régulier et rationnel, tel n'est pas toujours le cas pour les plus petites communes dont le patrimoine, essentiellement religieux, est souvent très ancien.

La seconde difficulté est due à la très mauvaise appréhension du risque d'incendie. Plusieurs exemples récents sont particulièrement emblématiques. Il y a de très fortes présomptions que celui de la cathédrale de Nantes soit criminel[1] : pour autant, il est apparu que

1. À l'heure où ces lignes sont écrites, l'affaire est en cours d'instruction et n'a pas encore été jugée.

la cathédrale ne disposait d'aucun système d'alarme incendie, qu'aucun agent formé ne surveillait cette dernière, qu'aucune liaison entre une caserne de pompiers ou un poste de contrôle n'existait. C'est un voisin qui, apercevant la fumée s'échapper de l'église, a appelé les pompiers. Or, en matière d'incendie comme dans toute crise, le facteur vitesse est essentiel. Quand un feu se déclare, il est primordial de le stopper le plus rapidement possible avant qu'il ne se propage et devienne quasiment impossible à arrêter. L'exemple de Notre-Dame de Paris, dont la destruction partielle a serré le cœur de centaines de millions de personnes sur toute la planète, est tout aussi représentatif. Les détecteurs d'incendie existaient bien. Mais, soit ils ont mal fonctionné, soit la levée de doute n'a pas été faite correctement. En conséquence, parce qu'un début d'incendie n'a pas été arrêté du fait d'un dysfonctionnement matériel ou humain, toute la charpente et la flèche ont été détruites, obligeant à dépenser près d'un milliard d'euros, qui aurait été largement mieux utilisé pour préserver notre patrimoine.

Il est donc criminel que l'État n'investisse pas davantage dans la protection incendie des éléments symboliques de son patrimoine : certes, la détection incendie, le rattachement des alarmes à un poste tenu vingt-quatre heures sur vingt-quatre par un agent formé constituent un coût. Mais que représente celui-ci quand il faut reconstruire un bâtiment ravagé par un incendie ou quand des œuvres importantes de notre patrimoine sont détruites ? De même, l'écrasante majorité de ces sinistres est causée par les travaux qui s'y déroulent. Aussi, il est primordial que le risque incendie soit bien mieux pris en compte en amont avec des équipements aux normes, un plan des détecteurs à jour et des équipes capables d'intervenir immédiatement en cas de problème. Penser que tel n'était pas le cas sur le chantier de Notre-Dame, qui était le plus emblématique de notre pays, est tout simplement effarant.

Des moyens financiers de l'État dérisoires, avons-nous dit. Ce n'est qu'une question de volonté politique. Il en va naturellement différemment pour les petites communes et les propriétaires privés qui n'ont pas toujours les moyens d'entretenir ce patrimoine et qui sont souvent confrontés à des demandes multiples : entre la construction ou la rénovation d'une école et la sauvegarde de l'église du village, que va choisir le maire ? Et personne ne pourra honnêtement le blâmer pour cela.

### Des solutions existent et des initiatives prospèrent

Pour autant, des solutions existent. Et elles sont nombreuses. Il serait trop facile de faire porter ces errements sur les seules frêles épaules des ministres de la Culture qui se succèdent à un rythme effréné. Il serait très injuste de leur reprocher tel ou tel arbitrage, qui en faveur du spectacle vivant, qui en faveur du patrimoine, dans un budget qui est toujours si chichement compté. Le seul reproche acceptable est celui de ne pas se battre suffisamment pour obtenir un bon budget, ce qui fut malheureusement le cas pour 2013 et 2014, où les crédits du ministère de la Culture subirent une cure drastique. C'est au plus haut niveau de l'État qu'il faut faire en sorte que la protection et la sauvegarde de notre patrimoine deviennent une cause nationale et surtout que des moyens financiers y soient consacrés. Des actes et non des paroles.

On peut entendre sans difficulté l'argument de la rationalité budgétaire sur la nécessité de maîtriser les dépenses pour ne pas laisser de dettes à nos enfants. C'est même une ardente nécessité pour la France, devenue championne du monde de la dépense publique ! On peut aussi accepter que des secteurs puissent être considérés comme prioritaires : santé, sécurité, justice, éducation. C'est ici qu'il faut comprendre que la préservation de notre patrimoine est un investissement.

En effet, l'entretien du patrimoine crée de l'emploi. Il permet aussi de préserver tous ces métiers d'art, également éléments essentiels de notre héritage, qu'il convient de transmettre aux prochaines générations : ébénistes, charpentiers, couvreurs, tailleurs de pierre, marbriers, staffeurs, peintres, restaurateurs, jardiniers… D'une part, ces métiers ne sont pas délocalisables, d'autre part, ils permettent de préserver toutes nos écoles d'art en la matière, reconnues parmi les meilleures au monde. Il n'est pas rare que des ouvriers d'art français soient ainsi réclamés partout à travers la planète.

Il ne faudrait pas oublier non plus à quel point un monument qui se visite peut devenir une source d'attractivité touristique très forte, génératrice de revenus : d'abord pour ceux qui s'occupent du monument, mais aussi pour tous les emplois indirects qui sont créés : restauration, magasins touristiques, antiquités… Dans tous les lieux qui reçoivent des masses importantes de visiteurs, un système économique local se constitue, sans aucune aide publique et suscite de l'activité, donc de l'emploi. Des travaux de la mission confiée à Stéphane Bern, il ressort que près de 500 000 emplois directs et indirects existent grâce à la préservation de notre patrimoine bâti.

Qu'il nous soit d'ailleurs, à ce stade, permis de dire un mot sur cette mission confiée à Stéphane Bern. On ne tarira jamais d'éloges le concernant. Sa passion pour le patrimoine est authentique, son désintéressement[1] total et son engagement exceptionnel. Il a réussi à incarner physiquement cette indispensable défense de nos monuments historiques. Le plus important est en effet de parler et de faire parler de notre patrimoine[2]. Entre le loto qui lui est consacré, l'émission de télévision *Le village préféré des Français* et tous les documentaires historiques qu'il présente, on ne peut qu'être admiratif et saluer l'œuvre accomplie.

S'agissant du loto du patrimoine, louons d'abord cette initiative très heureuse que la ministre de la Culture Christine Albanel avait voulu créer en son temps. Son succès public montre d'ailleurs à quel point

1. N'oublions pas que Stéphane Bern accomplit cette mission à titre bénévole et gratuit, ce qui devrait faire taire et couvrir de honte tous les professionnels de la malveillance et de la critique puérile.

2. Une légère digression s'impose : l'historien Franck Ferrand avait un jour interrogé le tout-puissant Gérald Van der Kempf, conservateur en chef du château de Versailles pendant plus de vingt-cinq ans, qui avait notamment réussi à convaincre de nombreux mécènes américains de subvenir aux besoins du château. La question était simple : « De toute façon, Versailles est éternel, alors pourquoi cette action ? » « Détrompez-vous, jeune homme, avait tonné Van der Kempf, un château comme celui-là peut toujours mourir quand il tombe dans l'oubli. » Il avait parfaitement raison. Aux lendemains de la Seconde Guerre mondiale, André Cornu, secrétaire d'État aux Beaux-Arts, avait lancé un vibrant appel à la radio pour expliquer que Versailles, faute d'entretien, était en train de disparaître. Cet appel fut entendu jusque dans les chambrées en Indochine où des quêtes furent organisées. Toutefois, il fallut attendre la réalisation du film *Si Versailles m'était conté* – Sacha Guitry avait bien des choses à se faire pardonner –, qui fut un succès au box-office et ramena durablement des visiteurs, donc des recettes, au château. Aussi incroyable que cela puisse paraître, même Versailles a failli disparaître.

nos concitoyens sont attachés à leur patrimoine, notamment de proximité. Le problème est ailleurs, dans la toute-puissance du Léviathan techno-étatique… Illustration : malgré la puissance de ses soutiens politiques, Stéphane Bern et son loto du patrimoine ont été victimes de ce que d'aucuns appellent l'État profond, mais qui pourrait aussi être qualifié de l'incapacité du pouvoir politique, issu pourtant du suffrage universel, à imposer son point de vue à son administration. En effet, s'il est normal que les joueurs bénéficient sous forme de gain de près des trois quarts des sommes ainsi misées, il est un peu étonnant que l'État en profite pour conserver 7 % de ces sommes ainsi que le montant d'un savant calcul de 22 centimes par billets vendus. En définitive, seulement 10 % des mises sur le loto du patrimoine peuvent être utilisés pour sauver nos monuments. Au vu de la cause à soutenir, Bercy aurait pu avoir l'élégance de laisser sa taxe de 7 % à la défense de nos vieilles pierres. Peine perdue ! Tel Harpagon assis sur sa cassette, le ministère des Finances a défendu mordicus ce principe, mettant dans la difficulté les ministres des Comptes publics et de la Culture en les plaçant au cœur d'une polémique dont ils se seraient bien passés. La « chute » est consternante pour l'autorité de l'État, mais heureuse pour notre patrimoine. Pour que Bercy ne perde pas la face, les 7 % ont été conservés pour le budget de l'État, mais une dotation de 21 millions d'euros supplémentaire a été accordée à la Fondation du patrimoine pour mener à bien les travaux de la mission Bern.

Tous les experts s'accordent à dire qu'il faudrait que le budget de l'État dégage chaque année entre 420 et 450 millions d'euros pour l'entretien de notre patrimoine, soit 100 à 130 millions supplémentaires par an.

Cette somme doit être mise au regard des montants parfois faramineux consacrés à de coûteux projets – on peut penser aux quelque 500 millions d'euros du projet de restructuration du Grand Palais à Paris, aujourd'hui partiellement abandonné – et qui sont toujours des exemples dont se gargarisent les budgétaires de tout poil pour limiter les dépenses d'entretien du patrimoine.

Sans entrer dans un débat trop technique qui pourrait lasser, il faudrait dans un premier temps que les procédures liées aux travaux effectués sur les monuments historiques soient simplifiées afin de les accélérer. Les dossiers sont trop lourds, trop longs, font intervenir trop de personnes et de structures, imposent la présence d'architectes des Bâtiments de France ou d'architectes en chef des Monuments historiques dont les sentences sont sans appel. Ce point est une seconde difficulté : il ne s'agit nullement de critiquer les ABF et ACMH, car ils sont pour la plupart les vigilants et compétents gardiens de notre patrimoine. Néanmoins, tout pouvoir implique une responsabilité, donc un contre-pouvoir. Et toute décision doit conserver la capacité à être évoquée à un plus haut niveau pour être réformée si cela est juste.

D'aucuns nous diront que les déficits du budget de l'État et notre dette sont abyssaux et ne permettent malheureusement pas cet effort. La première constatation est juste et la seconde un sophisme. C'est une question de choix, de méthode, d'organisation de l'État, comme de nombreuses collectivités territoriales et entreprises privées y parviennent chaque jour, mais cela renvoie à un autre débat qui dépasse le champ de cet ouvrage. Du côté des recettes potentielles, ce ne sont pas les pistes et possibilités qui manquent. Le tout relève du courage politique.

Pourquoi ne pas aller chercher de bonnes idées à l'étranger ? L'exemple de l'Espagne est particulièrement intéressant avec les *paradores*, qui sont, selon certains Espagnols non dénués d'humour, le seul legs positif laissé par Franco. Les *paradores* et leurs cousins portugais, les *pousadas*, sont des hôtels, souvent de luxe, installés dans des monuments historiques importants et dont le produit de l'exploitation sert en partie à rénover ledit bâtiment. Ce système n'a que des avantages et il existe des dizaines d'exemples de monuments historiques en France, connus ou moins connus, où il serait possible de créer ce genre d'équipements : Versailles, Chambord, Fontainebleau, Chantilly sont les plus célèbres, mais ils sont loin d'être seuls.

Une telle exploitation hôtelière doit respecter l'esprit des lieux, ce qui n'est pas difficile : la plupart des monuments historiques étaient avant tout des logements. Par ailleurs, il n'y a guère de doute quant au succès de l'opération. La France, première destination touristique au monde, accueille des visiteurs pour la plupart fascinés par notre patrimoine. Une chaîne d'hôtels de qualité faisant vivre des monuments vieux de plusieurs siècles d'histoire ne peut qu'être un succès commercial, tout en faisant vivre et respecter les monuments historiques.

On pourrait laisser faire l'initiative privée en la matière, y compris par l'intermédiaire d'un système de concession rapportant *in fine* de l'argent au profit du monument dans lequel l'hôtel serait installé.

Il y a une autre solution pour couvrir tout le territoire : une structure publique pourrait être créée via la Caisse des dépôts, la banque publique d'investissement, avec l'appui des plans de relance à plusieurs milliards.

À partir d'un investissement de base destiné à financer des travaux d'aménagement et de mise aux normes, cette société publique exploiterait ces bâtiments, les rénoverait et utiliserait le surplus pour des investissements dans de nouveaux projets venant ainsi sauver d'autres sites historiques. L'objectif n'est pas de créer un nouveau gouffre sans fond mais au contraire de rentabiliser cet investissement public sur le long terme, tout en sauvant des bâtiments essentiels de notre patrimoine commun. Ainsi, grâce à une politique nationale, ces monuments seraient préservés de l'abandon sans pour autant vendre « les bijoux de famille ».

Une autre idée pourrait s'avérer particulièrement intéressante : elle avait été suggérée par Stéphane Bern et avait suscité une polémique d'une rare violence, avant d'être abandonnée. Mais il nous semble que les temps sont mûrs désormais, surtout après les incendies de Notre-Dame et de la cathédrale de Nantes : faire payer l'accès aux cathédrales et aux églises les plus insignes de notre territoire pour dégager des recettes venant financer leur rénovation.

Rappelons en effet que le site touristique le plus fréquenté de Paris n'était ni le Louvre, ni la tour Eiffel, mais bien Notre-Dame qui accueillait chaque année pas loin de 13 millions de visiteurs. Nous pourrions aussi évoquer le Sacré-Cœur. Évidemment, ces lieux sont naturellement dédiés aux fidèles et aux pratiquants. Il n'est cependant pas difficile de suspendre les visites pendant les horaires des cultes dont l'accès doit évidemment demeurer libre. De plus, toutes les églises ou toutes les cathédrales ne seraient pas obligatoirement concernées. Pour la seule ville de Paris, cette mesure permettrait de récupérer chaque année pas loin de 100 millions d'euros (avec une entrée à 5 euros) dont l'utilisation dans la rénovation du patrimoine religieux serait bien utile si ce n'est indispensable. Il peut être noté que cette mesure est très largement utilisée à l'étranger et qu'aucune protestation n'existe quand il faut payer pour visiter la Mezquita de Cordoue, les plus belles églises de Venise et même celles de Rome, qui abrite la papauté ! La visite de la basilique de Saint-Denis et de la Sainte-Chapelle est payante, ce qui ne choque manifestement personne. Un touriste à Londres devra s'acquitter de 17 livres sterling pour visiter Westminster. Enfin, on peut utilement souligner que depuis la séparation des Églises et de l'État, loi que le clergé ne critique plus car elle a involontairement bien servi ses intérêts, les murs des églises antérieures à 1905 appartiennent aux communes et ceux des cathédrales à l'État, ce qui signifie par ailleurs que ce sont les pouvoirs publics et non les autorités religieuses qui doivent assumer l'entretien de ce patrimoine exceptionnel.

Une autre mesure pourrait consister, dans les zones accueillant des bâtiments historiques et des hôtels, en une contribution sur chaque nuitée dans des hôtels, intégrée à la taxe de séjour et tracée budgétairement vers les monuments historiques de proximité. Elle serait indolore pour les clients, de l'ordre d'un euro. Une telle contribution ne doit ainsi pas être vue comme une marque de l'obsession taxatrice en France, mais bien comme une coproduction territoriale de maintien de l'attractivité à la fois patrimoniale (le monument historique) et commerciale (l'hôtel), avec une nouvelle relation entre la clientèle de ces hôtels et notre patrimoine exceptionnel. Les Monuments historiques devraient en échange négocier avec ces établissements des accords de partenariat pour les clients afin de leur réserver un accueil privilégié en tant que contributeurs à l'entretien de notre patrimoine (visites spécifiques, etc.), afin que l'instauration de cette contribution devienne une sorte d'accord gagnant-gagnant pour les clients des établissements d'hébergement et pour le patrimoine.

Il est une autre ressource qui gagnerait à être mobilisée et qui concerne ce que d'aucuns appellent la « nouvelle économie[1] ». Cette dernière n'a de nouvelle que le nom. Certes, ses managers ont enlevé depuis bien longtemps leur cravate. Ils ont surtout compris que la taille, en l'occurrence la présence sur un marché désormais mondial, n'a que des avantages. Elle permet de s'imposer avec force dans les nouveaux États d'implantation, de faire jouer ce qui s'apparente à la clause de la nation la plus favorisée, c'est-à-dire la fiscalité la plus avantageuse. Et cette nouvelle économie se veut « bienveillante » : ce n'est pas vraiment du business mais du partage, du service rendu, des échanges de bons procédés. En d'autres termes, les enfants de babas cool qui auraient découvert le commerce sympa. Derrière cette apparence se cache comme souvent une réalité beaucoup moins rose : des sociétés rapaces, installées partout sur la planète et profitant des avantages qui y sont liés, imposant avec brutalité par leur taille et leur puissance leurs conditions économiques aux individualités et jouant à merveille des possibilités offertes par le dumping fiscal entre les États.

Il n'y a donc aucune raison pour que ces structures ne relèvent pas des mécanismes fiscaux des pays dans lequel le service ou le bien est consommé, et ce quelle que soit la passoire fiscale européenne. La France

1. Issue de la troisième révolution industrielle, la nouvelle économie désigne la croissance liée au progrès des nouvelles technologies de l'information et de la communication (NTIC), et au développement d'Internet.

aurait donc tout intérêt à faire participer financièrement Airbnb sur chaque nuitée passée dans notre pays. Le montant collecté viendrait alimenter l'entretien et les travaux sur le patrimoine bâti. Certains diront que ce n'est pas possible – on notera d'ailleurs que, dès que l'on veut toucher à une entreprise multinationale, il se trouve toujours de bons apôtres pour expliquer qu'il n'est jamais possible de faire quoi que ce soit. Tout est, une nouvelle fois, question d'équité fiscale et de volonté politique. On voit mal Airbnb abandonner la France, première destination touristique au monde, pour de telles raisons. De surcroît, cette mesure viendrait rétablir une forme d'équilibre entre les hôteliers français pénalisés par une distorsion de charges et ces entreprises numériques de l'hébergement. En revanche, leur lobbying sera d'une rare brutalité, comme à chaque fois de la part de tous ces grands groupes anglo-saxons, et il convient de s'y préparer.

Bien que la matérialité des transactions soit plus compliquée à établir, une véritable réflexion mériterait aussi d'être menée quant à la fiscalité de tous les intermédiaires du tourisme international, moteurs de recherche, comparateurs, prescripteurs de type Tripadvisor ou autre, pour toute transaction intéressant la France. À chaque opération, il y a des échanges financiers, des gains et du profit générés pour ces entreprises qui échappent totalement à la fiscalité française, ce qui n'est pas normal.

Deux dernières propositions, cette fois beaucoup plus nationales, méritent d'être évoquées. Il nous semble que les temps sont mûrs pour accroître la décentralisation culturelle et confier davantage de compétences aux collectivités territoriales. Parmi celles-ci, les Régions ont acquis pour la plupart une taille et donc une puissance de feu financière plus importante, souvent recruté des spécialistes de la matière culturelle qui n'ont rien à envier aux fonctionnaires de l'État, et elles ont compris que le secteur de la culture créait de l'activité économique et donc de l'emploi, ce qui est au cœur de leurs missions. Il y a près de quinze ans, des débats très importants avaient eu lieu entre l'État et les Régions pour leur confier la gestion d'un certain nombre de monuments historiques. Une commission avait été créée, confiée à René Rémond, pour essayer de délimiter le périmètre de ces transferts. Et rien (ou si peu) n'avait abouti. Il semble que le temps est venu de passer à une nouvelle étape. L'idée n'est pas un simple transfert de charges, mais la possibilité de créer de nouveaux écosystèmes au plus près du terrain, servant le développement économique et l'attractivité territoriale.

Enfin, il convient d'évoquer le mécénat : la loi dite Aillagon de 2003 est très probablement l'une des meilleures au monde. Le dispositif de réduction de l'impôt sur les sociétés de 60 % est particulièrement efficace et donc incitatif pour les grandes entreprises.

Aussi, la décision récente du gouvernement de réduire à 40 % l'avantage fiscal pour les dons supérieurs à 2 millions d'euros est typique de l'exemple de « l'État profond ». Bercy hait ces mesures de réduction fiscale et cherche tous les ans à les diminuer, voire à les remettre en cause. Il a suffi de trouver le maillon faible, c'est-à-dire un ministre qui accepte de porter la mesure. Malgré l'économie supposée permise par cette disposition aisément contournable, cette décision envoie un signal désastreux : en effet, la loi Aillagon a le mérite de la clarté et de la simplicité. En matière fiscale, la stabilité dans le temps est indispensable. Il n'est pas impossible que des grandes entreprises se détournent du mécénat en raison de la complexité grandissante des dispositifs et surtout de sa nouvelle instabilité. Et comme cela arrive souvent avec nos comptables qui se font décideurs, le « rabot » coûtera *in fine* plus cher qu'il ne rapportera.

Par ailleurs, quitte à faire évoluer ce dispositif, le plafond maximum de pourcentage du chiffre d'affaires dédié au mécénat[1] mériterait largement d'être relevé pour les petites et moyennes entreprises et pourrait atteindre 1 % du CA. Certes, il existe le mécénat des grandes entreprises et des grands groupes qui est efficace et qui porte le plus souvent sur les monuments et les musées les plus importants. Il faut aussi encourager le mécénat local de PME sur des monuments plus modestes mais qui, le plus souvent, ont des besoins en rénovation et en restauration immenses. Ce mécénat de PME permet de surcroît de créer une saine complicité au plus près du terrain entre les entreprises et le ou les monuments, qui favorise ce sentiment d'appropriation des biens de notre patrimoine national qui va du château de Versailles à une modeste mais si importante église du XI^e^ siècle.

1. Il est de 5 pour 1 000.

# 3

# Dynamiques locales

« Sois satisfait des fleurs, des fruits, même des feuilles,
Si c'est dans ton jardin à toi que tu les cueilles !
Puis, s'il advient d'un peu triompher, par hasard,
Ne pas être obligé d'en rien rendre à César,
Vis-à-vis de soi-même en garder le mérite,
Bref, dédaignant d'être le lierre parasite,
Lors même qu'on n'est pas le chêne ou le tilleul,
Ne pas monter bien haut, peut-être, mais tout seul ! »

Edmond Rostand,
*Cyrano de Bergerac*, II, 8.

Il est difficile de nier que Paris est l'une des plus grandes capitales culturelles du monde grâce à tous ses musées, expositions, salles de spectacles, théâtres, cinémas. On peut même s'interroger sur leur concentration. Toutefois, l'avenir de la culture en France passera d'abord par les territoires. C'est une certitude portée par deux provinciaux. C'est en province aujourd'hui que les propositions culturelles sont les plus dynamiques. Elles permettent également un véritable développement économique et en termes d'emploi. La politique culturelle est une activité non délocalisable par définition, à la différence malheureusement des industries. Elle est aussi un facteur de fierté locale et d'identité territoriale. Et surtout, dans un pays qui a créé le jacobinisme, y compris dans ses pires excès, il paraît étonnant à certains d'admettre que les talents sont aussi hors de la métropole parisienne.

Il faudrait plusieurs volumes pour retracer toutes les initiatives culturelles en région qui existent aujourd'hui et qui montrent l'exceptionnel dynamisme de nos territoires. Il est regrettable qu'elles ne soient pas mieux mises en valeur par nos responsables politiques car elles témoignent de la vitalité de ce que d'aucuns ont pu appeler le génie français. Nous nous contenterons de prendre trois exemples qui n'ont d'autres valeurs que de démontrer l'incroyable spirale positive que peut générer une activité culturelle. À partir d'une initiative, il est possible de développer un véritable écosystème fondé sur une activité culturelle qui fait vivre une région et génère de l'emploi durable.

### De très grandes réussites

Angoulême. Cette ville d'un peu plus de 40 000 habitants a créé en 1972 un festival de la bande dessinée qui, année après année, accueille les meilleurs spécialistes du 9$^{e}$ art. La préfecture de la Charente est placée à la fin de chaque mois de janvier sur la carte culturelle de la France. Le festival a grandi à chaque édition, de nouvelles initiatives ont permis de sortir la ville des difficultés qu'elle rencontre. Car Angoulême a subi aussi pendant cette période une longue et difficile désindustrialisation qui frappe hélas tant de territoires : les papeteries, puis les moteurs électriques ont disparu et la ville semblait promise à un long déclin.

Mais fort de l'effet d'entraînement et du dynamisme du Festival de la bande dessinée, le département de la Charente aidé par la Région, la Ville d'Angoulême et la communauté de communes ont créé, en 1997, un pôle, dénommé Magelis, ayant pour objectif de développer une filière d'excellence et d'offrir des aides aux entreprises d'animation, de jeux vidéo, d'éditions et de production audiovisuelle.

Magelis va se porter acquéreur de plus de 75 000 $m^2$ pour permettre à des entreprises dans le domaine de l'animation et du jeu vidéo de s'installer à Angoulême. En procédant ainsi, le pôle réalise des opérations de rénovations urbaines sur des espaces en déshérence et en voie de dégradation. Les résultats sont spectaculaires : une centaine d'entreprises spécialisées dans l'animation et le jeu vidéo s'y installent, ainsi que 30 studios d'animation qui emploient pas loin d'un millier d'intermittents[1], 200 auteurs de BD, de jeux vidéo... Une pépinière accueille également une dizaine de jeunes entreprises.

Par ailleurs, le pôle Magelis a encouragé l'installation de structures de formation dans les domaines de l'animation, du jeu vidéo et des nouvelles technologies, de type réalité virtuelle : il existe aujourd'hui 12 écoles spécialisées qui regroupent près de 1 300 étudiants, dont notamment l'École nationale du jeu et des médias interactifs. Créée en 2005, elle dépend du Conservatoire national des métiers et elle constitue aujourd'hui une référence mondiale dans le domaine du jeu vidéo.

Enfin, sur l'ancienne usine de papeterie en bordure de la Charente, Magelis a encouragé la création de la Cité

1. Ce qui fait d'Angoulême le second pôle, après Paris, en matière d'animation.

internationale de la BD et de l'image qui, accueillant plus de 200 000 visiteurs par an, est devenue un pôle touristique régional important.

Angoulême revit en ayant décidé d'investir intelligemment dans les industries culturelles. C'est ainsi que la présence aussi nombreuse de tous les maillons de la chaîne de l'animation – de la formation à la production – crée des spirales positives qui suscitent toujours de nouvelles initiatives, qui elles-mêmes encouragent de nouvelles activités, favorables pour l'activité et pour l'emploi. Ainsi, après celui de la BD, c'est le Festival international du film francophone qui pose sa tente fin août à Angoulême. Il est devenu *le* lieu de rencontre incontournable du cinéma de la rentrée. C'est aussi l'exemple d'Immersity, devenu en seulement trois ans la référence des professionnels de la réalité virtuelle, ou du Videogame Executive Forum qui est un événement très attendu dans le domaine du jeu vidéo. Wes Anderson a même décidé de tourner à Angoulême son dernier film !

Arrêtons les exemples : cette ville guettée par un fort déclin s'est transformée en moins de vingt ans en un lieu connu dans le monde entier par les spécialistes de l'animation et du jeu vidéo. Elle renaît, crée de l'emploi, attire des jeunes et a trouvé la voie d'une nouvelle croissance. Elle est l'exemple de l'intérêt pour les collectivités territoriales d'investir dans les industries culturelles et d'en faire une force pour la France. Il est à noter que l'État ne contribue en rien au succès de Magelis, à l'exception du soutien du CNC à certaines manifestations. C'est donc la démonstration d'un succès exceptionnel permis grâce à un fort volontarisme politique local.

Marciac. Village du Gers comptant 1 250 habitants. Depuis quarante-deux ans se déroule dans cette paisible commune d'un département très rural un des plus importants festivals de jazz de la planète, Jazz in Marciac, qui a accueilli les plus grandes stars de ce genre grâce à l'énergie et au savoir-faire d'un passionné : Jean-Louis Guilhaumon.

Ce village accueille donc chaque été plus de 250 000 visiteurs sur les trois semaines que dure le festival. Les commerçants réalisent pendant cette période pas loin de 50 % de leur chiffre d'affaires annuel. Sur l'ensemble de l'intercommunalité, le Festival international de jazz de Marciac génère près de 20 millions d'euros de retombées, pour un budget de l'ordre de 3 millions. C'est ainsi qu'à Marciac arrivent à vivre à l'année 8 restaurants, 2 hôtels et 2 supermarchés, ce qui est exceptionnel pour une commune de cette dimension, sans aucune tradition de villégiature historique. Fort de cet immense succès, une salle de spectacle de 500 places « en dur » est créée en 2011 : L'Astrada. Ce théâtre accueille à l'année une programmation d'une trentaine de concerts particulièrement exigeants que l'on ne connaît nulle part ailleurs, dans un village rural isolé et de cette strate démographique.

Le plus intéressant en la matière est que le collège Aretha-Franklin (*sic* !) du village comporte, de la sixième à la troisième, des ateliers d'initiation au jazz pour toutes les classes. Des modules de pratiques instrumentales sont aussi proposés aux collégiens avec des prêts d'instruments si nécessaire. De même, ce collège propose des stages de jazz à des jeunes de la France entière. Cette initiative est fondamentale car elle permet ainsi de mener une véritable action éducative et culturelle dans les territoires. Nul doute que de Marciac vont sortir de grands artistes.

Lussas, Ardèche, 1 000 habitants. En 1989, Jean-Marie Barbe, fils de l'épicier local, crée le Festival européen du film documentaire qui réunit aujourd'hui pas loin de 5 000 personnes chaque fin du mois d'août. Et ce festival n'a cessé de croître sur les trente dernières années, permettant au village de vivre véritablement autour de ce genre audiovisuel.

C'est ainsi que le « village documentaire » de Lussas a été créé sur plus de 1 500 m² et comporte tous les équipements utiles pour des équipes de documentaristes : espace de coworking, salles de montage vidéo, son...

En 2017, Ardèche Images est créé. Il s'agit d'un vaste bâtiment au cœur du village qui abrite la Maison du documentaire, une base de données et une vidéothèque de plus de 17 000 films, une école documentaire qui met en œuvre des actions de formation continue à l'année dans le domaine de l'écriture et de la réalisation, et, enfin, les Toiles du doc, une structure qui promeut la diffusion de documentaires dans la région. On compte une dizaine de structures autour de ce genre audiovisuel qui exercent leurs fonctions à Lussas et qui emploient près de 40 personnes.

C'est aussi à Lussas qu'a été créée la plateforme de vidéo par abonnement Tënk qui présente chaque mois de façon éditorialisée des documentaires d'auteurs.

Dans un village de 1 000 habitants, une personne particulièrement motivée a donc réussi à créer un écosystème tout à fait remarquable qui génère 40 emplois et permet à un village de continuer à vivre.

## Pour un girondisme culturel

Nous pourrions multiplier par cent les exemples au regard de la profusion d'initiatives qui sont prises en France, dans de grandes villes, des métropoles, mais aussi dans des villes moyennes et des villages.

La France souffre pourtant d'un jacobinisme culturel exacerbé. Selon certains beaux esprits, rien ne pourrait encore se faire en dehors de Paris. Entendons-nous bien : il est hors de question de tomber dans le défaut inverse qui reviendrait à nier l'excellence culturelle que l'on trouve à la Comédie-Française, au ballet de l'Opéra de Paris ou dans nos orchestres parisiens. Mais pour autant, cela doit-il induire que l'orchestre du Capitole ou celui de Lille sont sans qualités artistiques, que le Ballet Preljocaj à Aix-en-Provence ou Thierry Malandain à Biarritz ne proposent que des œuvres mineures, ou que l'offre théâtrale de nos centres dramatiques nationaux en province est faible ?

Il en va de même des musées des Beaux-Arts de province qui souffrent d'une fréquentation trop peu en rapport avec la qualité des collections qu'ils présentent. Là encore, on a le sentiment que seuls les musées parisiens méritent d'accueillir des visiteurs. On ne peut que regretter la trop faible circulation des œuvres des structures muséales de la capitale vers leurs homologues dans l'Hexagone. Certes, faire voyager une œuvre peut lui faire prendre des risques, mais nous sommes persuadés que des dépôts plus fréquents des musées parisiens chez leurs homologues en région leur donneraient un coup de fouet en termes d'intérêt et donc de fréquentation. Là aussi, il faut créer la nouveauté pour susciter l'attrait. Les exemples du Louvre-Lens ou du Centre Pompidou-Metz sont intéressants car ils montrent que les structures muséales parisiennes trouvent normal de se déployer en région. Mais ne serait-il pas préférable que les œuvres circulent aussi ? Il y a une dizaine d'années, le Centre Pompidou avait créé le « Centre Pompidou mobile », un musée ambulant qui pouvait se déplacer partout en France et qui présentait des œuvres de Beaubourg. Dans un premier temps, des villes moyennes sans musée d'art contemporain avaient été visées. Cette initiative a été malheureusement arrêtée, faute de moyens, ce qui est tout à fait regrettable. Si le public ne va pas à la rencontre des œuvres, il faut tout faire pour que les œuvres aillent vers le public, tout en étant naturellement conscient, d'une part, de la nécessité première de la conservation desdites œuvres, ce qui était le cas dans cette proposition du Centre Pompidou, d'autre part de l'intérêt de sensibiliser et motiver en profondeur la population par l'éducation artistique et culturelle si l'on veut réellement démocratiser l'accès à la culture. L'initiative des « Micro-folies[1] » participe de cette démarche de partage virtuel des grandes œuvres détenues par les institutions nationales.

On assiste aussi à de plus en plus d'initiatives visant à présenter au public des opéras, pièces de théâtre ou des ballets filmés et retransmis dans des salles de cinéma partout en France. Il existe un peu plus de 2 000 salles de cinéma dans le pays, ce qui constitue un record d'Europe en chiffre brut, mais aussi en proportion de notre population. Ces salles sont installées dans un peu plus de 1 600 villes et villages, et bénéficient depuis de nombreuses années également d'une fréquentation

1. Voir chapitre 6.

record en Europe qui dépasse les 200 millions d'entrées. Cela veut tout simplement dire que les Français ont l'habitude de pousser la porte de leur cinéma. Ils ne sont pas gênés à l'idée de venir regarder une œuvre sur grand écran alors que certains pourraient être intimidés de se rendre dans un théâtre ou un Opéra sans même évoquer des raisons de coût, d'éloignement ou de transports. Quelle plus belle démocratisation de l'opéra, de la danse et du théâtre que de proposer de voir à bon marché une œuvre dans son cinéma de quartier ? Il est par ailleurs évident à nos yeux que cette proposition n'enlève pas un seul spectateur aux lieux culturels où ils sont captés.

Un moratoire sur l'installation d'équipements culturels par l'État à Paris est indispensable. On se demande bien quelle structure culturelle pourrait aujourd'hui manquer à notre capitale. La politique des grands travaux menée par tous nos présidents de la République pour doter Paris en lieux culturels jusqu'à l'overdose a eu un impact important. Un seul manque : un musée de l'Histoire de France. Une tentative a été faite, mais elle a été torpillée en 2012, sans doute parce que le projet venait d'une autre majorité. Il est vrai que beaucoup d'historiens très orientés politiquement avaient critiqué ce choix, cherchant d'ailleurs davantage à atteindre le président de la République d'alors que le projet en lui-même dont on voit mal ce qu'il avait de contestable. L'Allemagne dispose à Berlin d'un remarquable musée qui évoque sans aucune dissimulation tous les aspects de son histoire nationale, y compris les plus sombres. Le Parlement européen a créé à Bruxelles un musée de l'Histoire de l'Europe particulièrement ambitieux. Le paradoxe est que nous disposons en France d'un musée de l'Immigration à la Porte

Dorée et d'un musée de la Mémoire de l'esclavage en Guadeloupe, mais pas d'un musée de l'Histoire de France ! Nous manquons d'un musée ou d'une maison de notre histoire nationale afin de la faire mieux partager à toutes les jeunes générations mais aussi à tous les Français qui ont besoin de connaître leurs racines et leur histoire. Cette dimension nationale nous incite à considérer qu'un pareil musée devrait avoir des antennes dans plusieurs régions afin de mieux toucher le public scolaire. Entendons-nous bien : l'histoire doit être racontée par des historiens et non par des politiques. Elle n'en mérite pas moins une véritable attention de tous, donc un investissement fort, résultant d'une décision politique au sommet de l'État, car il en va de la qualité du fameux « vivre-ensemble » qui exige de bien connaître notre histoire et nos racines. Dans l'esprit républicain, ce sont les nôtres, au-delà de la diversité de nos origines. Il convient pour cela de ne jamais hésiter à aborder les pages troubles du récit historique national. Il s'inscrit dans un tout qui alimente notre sens commun.

Enfin, si nous ne saurions trop recommander aux responsables politiques d'initier le musée de l'Histoire de France sans jamais se mêler du contenu, nous ne saurions trop inciter ces mêmes personnalités à faire preuve d'originalité, et si possible de goût, pour proposer des gestes d'art contemporain dans des lieux historiques. Peu importe la proposition, seule compte la qualité. Il ne faudra toutefois pas avoir peur des critiques immédiates dont la violence est souvent proportionnelle à la trace que l'œuvre laissera. Qui se rappelle aujourd'hui les tombereaux d'insultes reçus par André Malraux quand il avait proposé à Marc Chagall de recouvrir le plafond très classique de Lenepveu au Palais Garnier[1] ? Qui se rappelle ce qui avait été dit sur les colonnes de Buren installées à la place d'un ancien parking, en plein cœur du Palais-Royal, sans même parler de la pyramide du Louvre ? On ne peut que regretter qu'en son temps, les magnifiques arches de Bernar Venet devant le château de Versailles n'aient pas été gardées. Le beau d'hier peut et doit stimuler le beau d'aujourd'hui.

## De la vertu des événements culturels

On constate dans ces exemples de dynamisme culturel territorial que le secteur de l'événementiel est aussi une composante majeure de la capacité d'un site à prospérer, non seulement par la fréquentation touristique et l'intérêt médiatique, mais aussi par la création d'une spirale vertueuse de développement. Ce qui au départ est un rassemblement thématique peut aller jusqu'à générer un écosystème permanent de formations, de développement entrepreneurial, d'espaces muséographiques, de sessions physiques ou numériques, faisant vivre à l'année des familles entières, et catalysant ainsi l'identité d'une commune ou d'une région.

Attention, il n'est nullement question de prétendre que tout événement est positif en lui-même. Les exemples sont légion de démarches trop coûteuses, qui par manque de qualité, d'originalité, ou parfois de chance, ont échoué. Toutes les idées ne sont pas bonnes et les chefs d'entreprise, les responsables associatifs, les

1. Malraux avait écrit à Chagall : « Souvenez-vous qu'à Rome, on payait un type pour insulter l'empereur afin qu'il ne se prenne pas pour un dieu. Aujourd'hui, on ne paye plus, mais l'insulte est pour moi et l'admiration est pour vous. »

élus locaux, avant de lancer un énième festival, doivent bien en évaluer non seulement les coûts mais aussi la concurrence tant il y a eu profusion, depuis cinquante ans, d'initiatives dans ce domaine.

Dans l'événementiel culturel comme dans tant de domaines de la création, qu'elle soit entrepreneuriale ou artistique, le darwinisme économique s'exerce implacablement.

Rappeler une telle évidence ne doit pas en occulter une autre : la France a su depuis plus d'un siècle devenir la première nation au monde à inventer de belles et grandes manifestations, à en faire des étendards et des sources de prospérité jusqu'à être copiée. C'est vrai dans le domaine sportif avec les Jeux olympiques modernes et le Tour de France notamment, c'est tout aussi vrai dans le domaine artistique ! Que l'on aime ou pas ces manifestations, qu'on les connaisse bien ou mal, qu'elles nous intéressent ou pas, force est de constater que le Festival d'Avignon pour le théâtre, les Chorégies d'Orange pour l'art lyrique, le Festival d'Aix-en-Provence pour l'opéra, le Festival de Cannes pour le cinéma, la FIAC pour l'art contemporain sont des références mondiales. Et les exemples sont nombreux, à l'instar de la photographie à Arles, de l'image de presse à Perpignan, du court-métrage à Clermont-Ferrand, ou de l'animation à Annecy.

Ces réussites sont autant de miracles locaux qui ont fait de communes, parfois mal desservies par les moyens de communication, des centres d'attractivité internationale durant leur événement et des pôles de croissance thématiques tout au long de l'année. La démarche d'Angoulême déjà citée témoigne de la capacité territoriale à développer des écosystèmes pertinents liant manifestations, implantation entrepreneuriale, formation. Un bon événement, pour être réussi, doit répondre aux trois critères du théâtre de la Grèce antique : unité de lieu, unité de temps, unité d'action. La force qui en résulte peut entraîner tout un territoire vers une forme supplémentaire de développement économique, donc social et identitaire. Évoquons le Festival de Cannes, que les deux auteurs connaissent bien. Décision politique prise juste avant la Seconde Guerre mondiale, résultant de l'alliance du Front populaire et des grands studios américains de l'industrie cinématographique hollywoodienne, pour créer un événement en contrepoint de la Mostra de Venise devenue la chambre d'écho des œuvres fascistes et même nazies, le Festival de Cannes, en soixante-seize éditions, s'est affirmé comme le premier festival cinématographique, et peut-être culturel, au monde par ses retombées médiatiques et économiques. On le considère de façon contradictoire, « trop paillettes » ou « trop intello », mais aussi mercantile – il accueille le plus grand marché du film. On l'accuse, parfois à juste titre, de cultiver l'entre-soi, d'être indécent de glamour ou trop imprégné de politiquement correct. Il est en fait bien plus que tout cela. Et surtout, il n'en est pas moins la référence mondiale : une véritable fenêtre sur la liberté d'expression et le rassemblement des professionnels qui veulent voir reconnues leurs œuvres dans leur dimension artistique mais aussi les vendre comme produits culturels de consommation. Comment imaginer qu'un village de pêcheurs, certes beau et qui possédait déjà une tradition de villégiature internationale, allait ainsi devenir le centre d'intérêt majeur de la planète cinéma, c'est-à-dire de l'art et de l'industrie réunis dans la plus puissante expression culturelle depuis un siècle, à la fois élitiste et grand public ?

Aujourd'hui, l'enjeu est non seulement d'adapter la manifestation aux évolutions de production, de diffusion, de réception des œuvres par le numérique, mais aussi, pour la ville de Cannes, de faire du festival un catalyseur de développement local à l'année. C'est ce qui a été engagé avec le projet de création d'une cité universitaire portée par la Mairie et l'Université Côte-d'Azur, autour des métiers de l'écriture de scénarios. Un campus est sorti de terre, dans le cadre du programme dit « Bastide rouge », proposant presque quarante formations en lien avec les professions concernées et des universités étrangères ainsi que des écoles privées, sur un site regroupant espaces d'enseignement, de recherche, mais également un hôtel et une pépinière d'entreprises, des logements étudiants, le plus grand multiplexe cinématographique du Sud-Est, des espaces sportifs, etc. Le projet Bastide rouge se voit complété d'un projet d'installation sur presque cinq hectares, dans Cannes, de matériels pour les professionnels de l'audiovisuel, de studios de musique et de tournage, de logements pour intermittents et autres techniciens, ainsi que du projet emblématique de création d'un musée international du Cinéma et du Festival de Cannes. Enfin, d'anciens bâtiments désaffectés, rachetés par la Mairie en centre-ville, ont vocation à accueillir des unités de post-production. Il s'agit véritablement, comme d'autres villes ont su le faire, d'un projet de fertilisation croisée par les enseignements, l'implantation entrepreneuriale et les animations, rendu possible par le grand événement initial qu'est le Festival de Cannes, autour du cinéma et de l'audiovisuel, pour créer de la richesse, des emplois et entretenir une identité locale forte. Identité qu'ont renforcée d'autres événements implantés à Cannes grâce initialement aux infrastructures d'accueil du Festival et à la compétence locale des professionnels du tourisme d'affaires : le MIPTV, le MIDEM, le MIPCOM, Canneséries, le Festival de la créativité Cannes Lions, tous liés à l'audiovisuel.

L'événement culturel est en cela un facteur de mise en place de « marques territoriales ». Évoquer cette notion a longtemps généré les moues dubitatives de ceux qui voient dans la marque un objet forcément superficiel, ou le reflet d'un consumérisme dévorant tout. Il arrive que ce soit le cas ! Tout dépend de l'usage qui en est fait. En toute hypothèse, l'approche par la marque pour une collectivité territoriale est pertinente car elle associe une identité locale, fruit d'un long processus historique de diverses décisions, notamment politiques, et un marché, c'est-à-dire un champ potentiel d'échanges créateurs de revenus et de travail. Dans la dimension économique de la culture, le développement marketing ne doit pas être occulté. Bien réalisé, il entretient la prospérité autour d'une identité à la fois préservée et maîtrisée dans son évolution. Outre l'intérêt pécuniaire qu'il représente pour une somme de professionnels, d'artisans et de commerçants liés à l'existence dans leur périmètre géographique de grands événements fédérateurs et générateurs de public, il peut aussi constituer un facteur favorisant un sentiment d'appartenance locale, de fierté collective.

Si l'événement culturel peut donc être un catalyseur de création à l'année de toute une filière pour un territoire autour d'une discipline artistique ou d'un genre particulier, la manifestation culturelle a, en elle-même, un fort impact économique et social. Les retombées financières directes, indirectes et induites du Festival de Cannes, selon les formules retenues, varient entre 110 millions et 200 millions d'euros, soit un impact social d'environ 3 000 emplois. Pourtant, dans son

« analyse de l'impact de la crise du Covid-19 sur les secteurs culturels[1] » publiée le 28 mai 2020, le gouvernement cite tous les secteurs de la culture et de la communication impactés par la crise sanitaire (pour un chiffre d'affaires du périmètre d'étude en 2019 évalué à 89,2 milliards d'euros), mais omet les grands festivals et autres manifestations culturelles[2]. Ce secteur permet pourtant de distinguer positivement la France dans le monde entier et fait vivre des milliers de familles, non seulement d'artistes, mais aussi dans les métiers de production, de diffusion et d'édition, sans oublier les centaines de techniciens, régisseurs et professions bénéficiant plus ou moins directement des retombées des manifestations, tels les hôteliers et autres hébergeurs, les transporteurs, les agents de sécurité, d'entretien, etc.

Traiter de la réalité des rassemblements culturels, c'est aussi considérer cette dimension sociale et économique parfois vitale dans certains territoires, avec des retombées budgétaires pour l'État et les collectivités souvent supérieures aux financements publics initiaux. Pas loin de 7 millions de personnes ont participé à des festivals en France en 2019 avant que l'épidémie ne vienne ruiner ce secteur. Il n'est pas inutile non plus à ce stade de préciser que tous les événements ne sont pas nécessairement consommateurs d'argent public. L'histoire du Hellfest, organisé désormais chaque année en

1. « Analyse de l'impact de la crise du Covid-19 sur les secteurs culturels », synthèse publiée le 28 mai 2020 par le ministère de la Culture – Département des études de la prospective et des statistiques (DEPS) ; www.culture.gouv.fr

2. Les « secteurs et segments analysés » sont « le livre, la presse, la musique enregistrée, la publicité (agences), l'audiovisuel cinéma, les jeux vidéo, le spectacle vivant, les arts visuels, l'enseignement culturel, le patrimoine et l'architecture ».

juin à Clisson, en Loire-Atlantique, en est un exemple. Après des premières éditions sous un autre format, parfois sur d'autres sites et à travers une autre organisation, la manifestation, baptisée Hellfest en 2006 et dirigée par Benjamin Barbaud, est devenue depuis lors l'un des plus grands rassemblements européens d'amateurs de heavy metal. Après quelques polémiques locales, le Hellfest a construit un modèle économique viable, uniquement fondé sur les recettes privées de billetterie et de partenariat. En quinze ans, le nombre de spectateurs est passé de 22 000 à 180 000, pour un budget global de 22 millions d'euros permettant d'accueillir 170 groupes de musique nationaux et internationaux, proposant diverses animations dont des expositions de sculpture massive, le tout sur un site de 56 hectares, connecté à des formules d'hébergement et plus largement d'accueil du public dont plus de 80 % viennent d'autres régions et d'autres pays. La structure organisatrice, l'association Hellfest Productions, devenue le plus grand acteur culturel privé de la région Pays de la Loire, compte 24 salariés permanents et fait travailler 1 200 intermittents, en complément des 5 000 bénévoles annuels. D'après les dernières études d'impact réalisées sur la manifestation autour de son édition 2019, elle a accueilli 210 000 participants – incluant les spectateurs, les journalistes, les invités, les mécènes – de 70 nationalités différentes, pour un impact économique direct de 7,5 millions d'euros sur le bassin de vie de Clisson, commune de 7 400 habitants. En tenant compte également des effets indirects et induits du festival, l'impact financier positif est évalué à 48 millions d'euros. Les spectateurs, dont l'âge moyen est de 35 ans, dépensent une moyenne de 400 euros, dont 100 euros dans les commerces locaux.

Il ne s'agit pas en effet d'interférer ici avec d'éventuels débats locaux sur le caractère positif ou négatif de la manifestation dans son environnement immédiat, mais de souligner la capacité française, publique comme privée[1], et d'ailleurs souvent publique *et* privée, d'inventer des événements fondés sur une offre culturelle générant de très importantes retombées économiques et sociales sans oublier l'essentiel : le plaisir que peut vivre le public.

Veiller à la dynamique du pays, c'est donc aussi s'assurer de la possibilité pour les événements artistiques et culturels de se dérouler, de trouver les financements nécessaires et d'être accompagnés.

1. En l'occurrence, le financement du Hellfest est entièrement privé.

4

# La rue de Valois et le reste du monde

> « Ce n'est pas ma place au milieu de tout cela, il faut me retirer de ce milieu, après quatorze ans aujourd'hui d'une vie pareille, je réclame la liberté à grands cris. »
>
> Camille Claudel, *Correspondance.*

Le reste du monde commence par l'Europe. Le secteur culturel se prête mal au corpus doctrinal communautaire. Comment en effet organiser un marché unique de la culture, alors que ces biens sont très largement immatériels ? Elle n'a pas été conçue pour cela, mais, dès 1951, pour favoriser les échanges de charbon et d'acier entre six pays, puis six ans plus tard, promouvoir la circulation de l'ensemble des marchandises. Force est de constater que le Marché commun puis, dès 1993, le grand marché intérieur furent des succès. Mais s'il est relativement aisé de supprimer des barrières douanières entre les États membres et de dresser un front commun pour les marchandises venant des pays tiers – à des niveaux de droits de douane qui sont toutefois parmi les plus faibles au monde et hélas ne s'inscrivent que trop rarement dans un rapport de réciprocité commerciale –, il est beaucoup moins facile d'arriver à appréhender les échanges de biens immatériels qui reposent par ailleurs sur une économie de prototypes.

Au fur et à mesure des traités modificatifs – l'Acte unique européen, le traité de Maastricht –, l'Europe a gagné en compétences nouvelles, mais jamais dans le secteur culturel. En définitive, il faut attendre le traité de Lisbonne de 2007 pour que le Traité sur le fonctionnement de l'Union européenne (TFUE), dans son article 167[1], finisse par évoquer péniblement la culture en des termes très prudents, en laissant la plus large application possible du principe de subsidiarité au niveau des États ou des Régions. Le premier véritable programme en matière culturelle fut Europe Créative dans son volet 2014-2020 mais dont les montants alloués traduisaient un manque d'ambition et d'intérêt de la part de la Commission européenne. On pourrait paradoxalement dire que le secteur culturel ne s'en sort pas si mal. Souvenons-nous que, dans son premier discours en 2014, le nouveau président de la Commission européenne, le Luxembourgeois Juncker, avait considéré qu'il fallait briser les barrières nationales en matière de droit d'auteur ! Le nouveau plan Europe Créative 2021-2027 semble beaucoup plus ambitieux puisqu'il sera doté d'un montant compris entre 1,8 et 2,2 milliards d'euros. L'Europe va-t-elle comprendre que le secteur culturel peut devenir un outil formidable permettant de contribuer à la relance économique du continent ? Gardons espoir ! Mais restons prudents : tout au long de sa jeune histoire, l'Europe a toujours

1. « L'Union contribue à l'épanouissement des cultures des États membres dans le respect de leur diversité nationale et régionale tout en mettant en évidence son héritage culturel commun. »

décidé de traiter la culture comme une marchandise ordinaire et non stratégique, en application de son idéologie dominante qui considère que la libre circulation favorise toujours, en la précédant, l'économie et une saine concurrence.

Les conséquences sur le secteur culturel européen sont lourdes. Compte tenu de son caractère immatériel et de son économie si particulière, il apparaît très rapidement comme un gêneur dans les négociations internationales sur le commerce. Culture et agriculture, même combat ! Mais la politique agricole commune, imposée par le général de Gaulle aux cinq autres pays déjà rétifs, fait bel et bien partie des grands axes de la politique européenne à la différence de la culture.

Pour autant, il existe deux blocs en Europe dans ce domaine comme dans celui de l'agriculture. D'une part, la France et quelques alliés essentiellement du Sud de l'Europe : ils considèrent qu'il ne faut pas sacrifier ces deux pans importants de leurs économies ne pouvant survivre sans une forte régulation qui les préserve d'un envahissement de concurrents extra-européens. D'autre part, l'Europe anglo-saxonne, liée ontologiquement aux États-Unis, qui craint que des règles trop protectrices en agriculture comme en culture ne viennent à compromettre les développements d'échanges internationaux de biens commerciaux avec les États-Unis et le reste du monde.

L'immense difficulté de cette mauvaise appréhension a des conséquences dramatiques car les succès du secteur culturel en France et dans d'autres pays européens font des jaloux, notamment les États-Unis, dont l'impérialisme culturel a toujours été une arme, d'abord économique mais aussi d'influence. À de nombreuses reprises, dans les trente dernières années, les États-Unis ont essayé, toujours en vain jusqu'à présent, de faire en sorte que le secteur de l'audiovisuel et du cinéma puisse être « libéralisé ». En clair, l'oncle Sam entend toujours promouvoir l'envahissement des pays de l'Union européenne par ses productions audiovisuelles et cinématographiques.

La première offensive a eu lieu en 1993-1994 lors des négociations de l'Uruguay Round qui allait déboucher sur la création de l'Organisation mondiale du commerce (OMC). La France a pris alors une position forte, soutenue par Jacques Delors, président de la Commission européenne, qui a permis d'exclure clairement les secteurs du cinéma et de l'audiovisuel de l'accord sur la libéralisation des échanges, avec pour conséquences heureuses de soutenir la mise en œuvre de quotas européens et surtout de permettre aux États membres qui le souhaitaient de créer des quotas nationaux. Le secteur culturel fut une première fois sauvé. L'exception culturelle était née. Cette notion a depuis changé de dénomination et une convention de l'Unesco de 2001 a ainsi créé la terminologie de « diversité culturelle ». Un tel changement sémantique est regrettable, parce que par essence, la culture est diversité. Surtout, le terme d'« exception » était bien meilleur. En effet, il ne convient pas de nier aux productions audiovisuelles ou culturelles le fait d'être un bien susceptible d'échanges et de monétisation. Il s'agit de souligner le fait que leur caractère particulièrement important pour le développement des connaissances humaines justifie qu'il soit fait une exception au principe du libre-échange systématique de marchandises que personne ne s'aventure plus à critiquer.

Les États-Unis sont tenaces. En 1995, avec l'Accord mondial sur l'investissement (AMI) et en 1997 avec la libéralisation des télécoms, ces derniers reviennent à la charge mais, peine perdue, l'Europe, sous l'impulsion de la France, réussit à tenir bon sur les principes. La situation s'aggrave en 2013 avec la négociation du traité transatlantique entre l'Europe et les États-Unis. José Manuel Barroso, président de la Commission européenne et ouvertement pro-américain[1], veut que le secteur de l'audiovisuel en Europe puisse être inclus dans le périmètre de la négociation, allant jusqu'à qualifier de « réactionnaire » l'approche du gouvernement français de François Hollande. Après une longue bataille qui verra notamment le réalisateur américain Steven Spielberg déclarer en ouverture du Festival de Cannes que « l'exception culturelle est le meilleur moyen de préserver la diversité du cinéma », la position française triomphe et le secteur de l'audiovisuel et du cinéma est exclu du champ des négociations. Il faut désormais l'unanimité des États membres de l'Union pour le réintroduire. Il convient toutefois de rester vigilant face à la pugnacité des Américains. Le forcing mis en place par les États-Unis pour essayer d'imposer aux nouveaux entrants dans l'Union (Pologne, États baltes…) la libéralisation des échanges dans le domaine de l'audiovisuel laisse pantois. Il est toutefois clair que c'est la France qui a imposé cette règle en Europe pour le bien commun, largement appuyée par certains États et critiquée par d'autres qui ont intégré plus récemment l'Union.

1. Depuis son départ de la Commission, il pantoufle dans la banque d'affaires américaine Goldman Sachs, dans des conditions déontologiques pour le moins floues.

## Le bal des ministres

Depuis l'an 2000, le ministère de la Culture aura connu onze ministres. Deux sous le gouvernement de Lionel Jospin, deux sous le quinquennat de Jacques Chirac, deux sous Nicolas Sarkozy. Puis le rythme s'est emballé. Trois ministres en cinq ans pour François Hollande et trois pour Emmanuel Macron en l'espace de seulement trois ans, avec un rythme digne des présidents du Conseil sous les peu regrettées III$^{e}$ et IV$^{e}$ Républiques. Comment peut-on mener une politique culturelle lorsque les ministres n'ont pas le temps de déployer et de mettre en œuvre une vision et des actes, en sachant que chaque remaniement implique aussi un changement de cabinet et souvent des directeurs d'administration centrale ? C'est toute une série de compétences et d'expertises qui part, mais aussi et d'abord la marque d'un manque de constance pour ne pas dire d'un désintérêt au plus haut niveau de l'État pour les sujets culturels. Est-il utile de relever que le général de Gaulle, en onze ans de pouvoir, n'a eu qu'un seul titulaire de la rue de Valois dont on se rappelle encore la marque, Malraux ? Faut-il souligner que Jack Lang a été le ministre de la Culture de François Mitterrand pendant près de dix ans ? La durée n'est pas tout. L'intérêt que portaient de Gaulle et Mitterrand à la chose culturelle est indéniable. Pour leurs successeurs, la question demeure posée. En tout cas, tous ne se sont pas préoccupés de voir mener une politique cohérente et déterminée en matière culturelle.

Il est facile de faire porter le chapeau à ce ministère qui peine à trouver un capitaine et dont la barre connaît de trop fréquents changements de cap au gré des foucades et de l'intérêt que porte à ces sujets l'Élysée, qui est le seul à compter en la matière. Matignon demeure le grand absent des sujets culturels, veillant à ce que ce ministère réputé turbulent ne sorte surtout pas de l'ornière et soit quasiment le seul, hélas, à se voir imposer l'orthodoxie budgétaire. À l'exception de Dominique de Villepin et de Manuel Valls qui avaient une relation personnelle avec le monde culturel, aucun Premier ministre sur les vingt dernières années ne s'est jamais intéressé à ces questions.

Outre ces changements trop fréquents de ministre, la rue de Valois traverse par ailleurs une profonde crise existentielle. Ce ministère n'a pas réussi à se réformer et surtout à s'adapter à plusieurs phénomènes. Ainsi, il n'a ni compris ni accepté la montée en puissance des établissements publics. Arrêtons-nous quelques instants sur ce véritable et remarquable succès de notre politique culturelle qui demeure trop méconnu à ce jour.

## Le succès des établissements publics

Le premier établissement public administratif dans le domaine culturel est créé en 1992 pour le musée du Louvre. L'objectif est de mettre en place une structure dotée de l'autonomie financière, administrative et en matière artistique, et qu'elle puisse gérer tous les nouveaux espaces ouverts grâce à la politique de grands travaux de François Mitterrand qui avait porté le Grand Louvre.

Un président directeur est nommé à la tête de l'établissement et en assume toutes les responsabilités. Très vite, ce système s'impose par lui-même en termes de simplicité, de rapidité de décision, de temps de réaction, de prises d'initiative, de développement d'une politique culturelle adaptée au lieu, bref tout ce qu'un ministère ne peut et ne sait pas faire, car rien ne vaut la subsidiarité en la matière, c'est-à-dire prendre les décisions au niveau adapté. Qui mieux que le patron d'un musée sait quelle politique mener pour le visitorat ou quel projet de mécénat mettre en œuvre ?

Très vite, les établissements publics vont se multiplier : après le Louvre, c'est Versailles, Beaubourg, Orsay, le musée du Quai Branly – Jacques Chirac, Picasso, Guimet, Fontainebleau... et le petit dernier, le Mont-Saint-Michel.

En moins de trente ans, le succès est considérable : la fréquentation explose, jusqu'à la limite du supportable pour le Louvre ou Versailles. Le mécénat connaît une croissance exponentielle avec la constitution d'équipes remarquablement performantes. Les politiques des publics sont enfin dotées de professionnels et ont des propositions adaptées à toutes les catégories de visiteurs, les expositions sont de plus en plus riches, les ressources propres sont en augmentation continue... En d'autres termes, grâce à une grande liberté d'action, ces établissements publics sont devenus des acteurs majeurs de la politique culturelle de la France, de véritables machines de guerre qui exercent leur fonction au profit de leur musée ou monument et qui mettent à leur tête des personnalités qui ont souvent une dimension managériale et entrepreneuriale.

La difficulté est que le ministère peine à comprendre ces évolutions qui le privent d'un pouvoir sur ces grands musées qu'il avait bien du mal à exercer naguère. De plus, les compétences sont parties du côté de ces établissements. Seule reste à la rue de Valois l'attribution des subventions et des moyens.

S'agissant des personnels, une réforme s'impose d'urgence. Il n'est plus possible que les agents d'accueil et de surveillance dans les musées demeurent des fonctionnaires. C'est un non-sens car ce n'est en rien un métier régalien. De surcroît, cela crée des blocages incompréhensibles pour les musées qui empêchent d'ouvrir des salles en cas de manque de personnel et pénalisent les ressources propres de ces établissements. Cela alimente en outre les affrontements picrocholins entre la direction du Budget et le ministère de la Culture, car l'emploi de fonctionnaires est très chichement compté par Bercy, puis cela suscite des guéguerres sans fin entre le ministère et les établissements publics pour obtenir des postes. Il serait beaucoup plus simple d'autoriser les établissements publics à recruter directement, sous contrat de droit public, des agents pour l'accueil et la surveillance des salles, ce qui leur permettrait d'adapter les recrutements aux besoins. Le musée du Quai Branly – Jacques Chirac a signé un contrat dit « multiservices » avec un prestataire privé qui s'occupe pour son compte notamment de l'accueil et de la surveillance des salles ainsi que de la billetterie. Sauf erreur de notre part, les œuvres de ce musée ne sont ni dégradées ni ne disparaissent. Pour les agents déjà en place, il ne serait naturellement pas question de remettre en cause leur statut mais de mettre en place un système de type France Télécom : les fonctionnaires en poste peuvent opter entre garder leur actuel statut jusqu'à la retraite avec la même rémunération et les mêmes avantages ou bénéficier d'un contrat de travail plus généreux, notamment en régime indemnitaire. Toute nouvelle embauche se ferait par de tels contrats sans autre limite que la capacité des établissements à les financer.

## Quand la tutelle est tatillonne

La seconde difficulté qu'éprouve le ministère de la Culture est celle de l'exercice de la tutelle vis-à-vis de ces grands établissements. On pourra toutefois rassurer la rue de Valois en lui disant que ce sont toutes les administrations centrales de l'État qui n'exercent pas correctement la tutelle de leurs établissements publics.

Comme partout, la tutelle est davantage tatillonne que stratégique par manque de compétences, par difficulté à avoir une vue d'ensemble et par défaut de temps pour examiner les dossiers, sans même parler d'une capacité à trancher des litiges entre établissements... Il y a également ce phénomène aussi pervers que stupide qui conduit le cabinet du ministre et les administrations centrales à tenter de faire croire au titulaire de la rue de Valois que les présidents des grands établissements publics culturels cherchent à leur faire de la concurrence ou à tirer la couverture à eux. Les technocrates du ministère ne parviennent pas à se défaire de cette très mauvaise habitude visant à essayer de diviser pour régner. Rien de plus absurde et inutile. Quand une exposition remporte un grand succès dans un musée, c'est aussi le bilan du ministre de la Culture qui en bénéficie ! Il en va de même quand la fréquentation est bonne ou que des initiatives sont prises en matière d'accueil du public. En d'autres termes, la rue de Valois devrait laisser tranquilles les grands établissements qui ont, le plus souvent, des compétences internes bien plus importantes et concentrer ses appuis sur les petites structures dans lesquelles les partages d'expérience et l'expertise seraient beaucoup plus utiles.

En fin de compte, le ministère gagnerait à établir un cahier des charges pour chaque établissement avec des indicateurs précis en matière de politique culturelle, de ressources propres, de politique des publics. Le responsable de l'établissement qui aura été choisi pour mener à bien cette politique serait jugé à la fin de son mandat sur sa capacité à avoir respecté ce cahier des charges et atteint les objectifs assignés. Si les résultats sont bons, son mandat peut être renouvelé. S'ils sont médiocres, une nouvelle personnalité devra être trouvée. De même, lorsque des dirigeants d'établissement public ont des comportements inacceptables, la rue de Valois ne doit pas retenir son bras. Il y a bien de-ci de-là des tentatives d'établir des contrats d'objectifs et de moyens ou des formes de contractualisation avec les grands établissements, mais, le plus souvent, les technocrates du ministère se font plaisir à élaborer un schéma le plus complexe possible et, dès sa signature, se désintéressent immédiatement des résultats obtenus, en les décorrélant de toute façon de la nomination du responsable de l'établissement.

La rue de Valois est donc un ministère profondément déprimé, qui connaît une crise quasi existentielle, qui peine à trouver une ligne directrice, qui voit partir les meilleures compétences vers des établissements publics de plus en plus autonomes, qui subit un *turnover* effroyable dans la plus haute hiérarchie, et qui se demande s'il existera encore après chaque remaniement.

Et ce ministère s'épuise dans une lutte sans merci avec Bercy. On ne peut, toutefois, que le féliciter de mener ce combat !

Le secteur culturel est un point de crispation permanent avec la direction du Budget même s'il n'y a aucun enjeu financier au regard des comptes de la nation. Le ministère de la Culture est loin d'être le plus dépensier de l'État, mais il irrite fort. Bercy aime le conflit avec la rue de Valois car le ministère est faible. Il est beaucoup plus difficile de refuser des budgets aux gros bataillons de l'Éducation nationale ou des autres ministères dont le lobbying est puissant. De même, la direction du Budget a parfaitement compris qu'à l'exception de quelques rares « projets phares »[1], les présidents de la République et les Premiers ministres qui se sont succédé depuis plus de vingt ans n'ont jamais fait de la culture leur priorité. Il n'est donc pas trop risqué politiquement d'aller au conflit et de s'attaquer aux crédits culturels. Une forme de démagogie pourrait même y inciter… Mais pour un gain budgétaire ridicule.

Les crispations ne manquent pas. La direction du Budget a beau jeu de rappeler le coût fiscal du mécénat, le déficit de l'assurance chômage des intermittents, les nombreux crédits d'impôts notamment dans l'audiovisuel et le cinéma. Parfois, les conséquences sont hélas lourdes. Quand la première ministre de la Culture du gouvernement Ayrault, détestée du ministre du Budget de l'époque, se fait laminer ses crédits avec la complicité muette de Matignon et de l'Élysée, des coupes claires et violentes ont lieu, notamment dans le domaine du patrimoine. On en paye aujourd'hui les conséquences et Stéphane Bern et d'autres s'épuisent à essayer de sauver un patrimoine français qui s'effondre, faute de crédits réguliers. Quand un budget déjà peu élevé baisse, il est impossible de le ramener à un étiage correct.

1. La direction du Budget a toujours très bien traité le musée du Quai Branly voulu par Jacques Chirac et, une fois que Nicolas Sarkozy a arbitré en faveur de la Philharmonie, les crédits n'ont pas manqué.

**Un périmètre à revoir**

L'autre difficulté du ministère de la Culture est son périmètre. Il est trop grand et il s'y noie. N'oublions pas qu'au gré des remaniements, le ministère s'appelle « ministère de la Culture » ou « ministère de la Culture et de la Communication », sans d'ailleurs que cette compétence ne lui échappe.

L'État avait fait un pari audacieux sur les industries culturelles qui a en définitive échoué. Ces dernières étaient suivies au sein de l'État par la direction du Développement des médias qui, jusqu'en 2007, était rattachée à Matignon tout en ayant des liens fonctionnels très forts avec la rue de Valois. La revue générale des politiques publiques (RGPP) est passée par là et cet exercice technocratique a conduit au rattachement de cette direction au ministère de la Culture et de la Communication[1] avec des conséquences bien négatives. En effet, le rattachement de la direction du Développement des médias, rebaptisée Direction générale des médias et des industries culturelles (DGMIC), a permis à Bercy de concentrer ses tirs contre la rue de Valois. Il est beaucoup plus difficile de refuser un budget favorable à l'audiovisuel public quand la direction d'administration centrale en charge de ce dossier relève du Premier ministre[2]. Depuis que la DGMIC est au ministère de la Culture, chaque exercice budgétaire pour l'audiovisuel public ressemble au Chemin des Dames.

1. Il est simple « ministère de la Culture » depuis 2017, mais, de façon paradoxale, il n'a jamais autant suivi les sujets relevant de la sphère de la communication.

2. Tout le monde reconnaît que le dernier budget favorable à France Télévisions a été obtenu en 2006 par Patrick de Carolis et son directeur général Thierry Bert.

Deux exemples évidents peuvent être cités : la taxe – dite infinitésimale – sur les chaînes de télévision privées et les fournisseurs d'accès à Internet, pour compenser la fin partielle de la publicité sur France Télévisions en 2009, a été rebudgétisée. En des termes moins administratifs, Bercy a obtenu que le produit de cette taxe qui devait aller à France Télévisions intègre finalement le Moloch du budget général de l'État. Le second exemple est la fermeture de France 4, annoncée en 2018. Dans la plus totale impréparation, la suppression de la chaîne a été annoncée pour un gain budgétaire ridicule (moins de 30 millions d'euros en net sur un budget de France Télévisions de plus de 3 milliards), mettant en danger le secteur pourtant très dynamique de l'animation française et privant les enfants d'une chaîne de service public qui leur était partiellement dédiée[1]. Peu importe ! Bercy avait eu son scalp, au nom de l'orthodoxie budgétaire. L'idée n'est naturellement pas de dire que l'audiovisuel public ne doit pas faire des efforts en des temps budgétaires difficiles, néanmoins il existe une différence entre des économies de façade et celles qui sont nécessaires.

Le rattachement des industries culturelles à la rue de Valois interroge. Les sujets « culture » et « communication » n'ont rien de commun entre eux. La partie culture porte davantage sur l'attribution de subventions à des structures muséales, dans le spectacle vivant ou l'éducation artistique, alors que la part « communication » concerne la régulation d'industries culturelles qui n'ont pas vocation à être subventionnées directement par l'État. Subventionner ou réguler n'est pas la même approche, ni la même logique. Les métiers et missions sont différents.

1. La très libérale BBC, au même moment, recréait sur les ondes une chaîne dédiée à la jeunesse...

Ce périmètre ministériel en fait sans doute l'un des postes les plus difficiles de la République. D'une part, le spectre de compétence va de l'archéologie préventive à la bande mégahertz. Les clientèles au sens romain du terme et autres habitués de la rue de Valois ne sont pas réputés pour leur simplicité et leur absence d'ego. Le ministère a été plusieurs fois confronté à des mouvements sociaux graves, notamment celui des intermittents du spectacle. D'autre part, dans la partie « communication », les sujets sont d'une très grande technicité et relèvent pour la plupart d'un corpus de textes de niveau communautaire. Enfin, le ministre de la Culture doit sortir tous les soirs pour se rendre à des spectacles, des expositions, des avant-premières, des événements parfois de qualité discutable tout en donnant surtout le sentiment d'être ivre de bonheur devant ce qu'il vient de voir. Ce ministère est chronophage et certainement épuisant. C'est la raison pour laquelle, en sus de la faiblesse grandissante de son administration centrale, il semble indispensable d'envisager des évolutions fortes de son organisation institutionnelle.

La première d'entre elles, nous l'avons déjà évoquée, a trait à l'éducation artistique et culturelle qui est LA priorité absolue et sur laquelle des moyens nouveaux doivent se concentrer. Il ne serait pas absurde de réfléchir à un rapprochement entre le ministère de l'Éducation nationale et la rue de Valois, et faire de ce dernier soit un ministère délégué soit de recréer le poste confié alors à Jack Lang de ministre de l'Éducation nationale et de la Culture, ainsi que l'expérience a été menée lors du gouvernement Bérégovoy en 1992-1993. Cette expérimentation n'a pas eu que des résultats positifs car les administrations se sont juxtaposées et ont peu collaboré. Jack Lang s'intéressait de surcroît davantage aux sujets culturels. Enfin, la *nomenklatura* de la rue de Grenelle est traditionnellement hostile au monde culturel. Ce rapprochement n'aura donc de sens qu'à la condition que la feuille de route du nouveau ministre de l'Éducation nationale soit claire en ce qui concerne l'éducation artistique et culturelle et qu'il se donne les moyens de se faire obéir par son administration, ce qui est très difficile. Dans ce cas de figure, le ministre délégué à la Culture pourrait se concentrer sur les « Beaux-Arts ».

L'autre solution serait de détacher la partie « communication » du ministère afin de permettre au ministre de la Culture de se concentrer sur son premier cercle de compétence et de créer un secrétariat d'État ou un ministère délégué aux Industries culturelles. Il n'est pas nécessaire de revenir sur l'importance de celles-ci dans le PIB de la nation. Ce ministère pourrait même récupérer les attributions du secrétariat d'État au Numérique, création de 2007, mais qui n'a jamais véritablement trouvé sa place dans le gouvernement : secrétariat d'État en charge d'Internet, des fournisseurs d'accès ? Rien n'est très limpide en ce sens et, quitte à traiter du numérique au sein de l'État, autant le faire en tant que tuyau à contenus, c'est-à-dire des entreprises qui n'ont de sens et d'intérêt que s'il y a des contenus à partager. Reste le rattachement de ce secrétariat d'État ou de ce ministère délégué aux Industries culturelles et numériques. Un rattachement à Bercy est hors de question. Le ministère des Finances n'a aucune appétence pour ces sujets, quand il ne nourrit pas une profonde défiance vis-à-vis de la chose culturelle. Bercy s'est surtout toujours montré hostile à l'exception culturelle, à l'instar du Quai d'Orsay, et craint que les régimes dérogatoires accordés aux contenus culturels ne se fassent au détriment d'autres produits et industries, ce qui est évidemment faux et montre une absence totale de volontarisme et d'esprit de résistance. Confier les industries culturelles au ministère des Finances serait les condamner à un lent déclin et à une absence totale de prise en compte de leur spécificité. La solution la plus logique est de rattacher ce ministère délégué ou ce secrétariat d'État à Matignon, à la condition, là aussi, que le Premier ministre soit pleinement conscient de l'importance de ce sujet. Cela implique d'abord une volonté très forte du président de la République et que ce dernier fasse des industries culturelles un des marqueurs de son mandat. Il s'agirait d'une sorte de retour aux sources pour la DGMIC qui serait l'administration centrale pilier de ce ministère. Son positionnement à Matignon faciliterait les inévitables échanges avec Bercy mais aussi avec le Quai d'Orsay pour tout ce qui concerne les négociations communautaires qui constituent une grande partie des textes applicables au secteur.

Il serait cependant illusoire et faux de considérer que seul le ministère de la Culture traite de la chose culturelle. Les dépenses en la matière de l'État sont évaluées à 8 milliards d'euros, dont 3,7 milliards pour la rue de Valois. Il faut en effet ajouter les archives et le service audiovisuel de la Défense, le rôle de l'Éducation nationale, l'action du Quai d'Orsay dans le domaine de la promotion et du soutien de notre culture à l'étranger.

## Agir – enfin – pour la francophonie

La création d'un Institut français central à Paris permettant de regrouper l'ensemble des actions menées par les services d'actions culturelles dans nos ambassades est évidemment une initiative positive. À ce jour, 98 Instituts français sont répartis à travers le monde, avec pour objectif de faire rayonner notre culture et ses artistes. Les résultats sont tout à fait impressionnants. Il est vrai qu'il existe partout une soif de culture française. Il est sans doute regrettable que le ministère de la Culture et ses principaux acteurs soient quelque peu laissés à la porte, l'Institut français étant une chasse gardée du Quai d'Orsay, surveillée jalousement pour éviter que les « cultureux » ne les envahissent. Pour le moment, cette mission est réussie ! La rue de Valois a dû batailler pour obtenir un simple siège au conseil d'administration de l'Institut français.

Quoi qu'il en soit, il est important de développer toujours davantage la présence de la culture française à l'étranger. On oublie trop souvent à quel point il s'agit d'une arme pacifique d'une formidable puissance dans le développement des relations diplomatiques entre notre pays et ses alliés. La venue aux États-Unis et au Japon de *La Joconde* a été un événement considérable et a puissamment contribué à la qualité de l'entente avec ces pays.

Il est néanmoins des pays avec lesquels les liens culturels sont d'un autre niveau : il s'agit de l'espace francophone. Avoir une langue commune est davantage qu'une culture commune. C'est une façon de penser, de s'exprimer, de développer ses arguments, d'apporter des nuances, d'enrichir cette langue qui fut celle de la diplomatie pendant de nombreux siècles. Y a-t-il rien de plus réconfortant pour un Français que de savoir sa langue parlée par plus de 300 millions de personnes, en Europe, en Amérique du Nord et en Afrique ? Y a-t-il rien de plus émouvant que de voir nos amis suisses, belges ou québécois défendre avec passion la langue de Molière face au rouleau compresseur anglais ? La détermination des Québécois à défendre la loi 101, qui impose l'utilisation du français au Québec, est admirable, digne de tous les éloges et devrait être soutenue avec force par le gouvernement français face à l'uniformisation nord-américaine. L'avenir du Québec passe inévitablement par le français, langue de leurs ancêtres et de leur culture qu'ils ont maintenue avec une admirable abnégation alors que nous les avions totalement abandonnés, jusqu'au jour où, au balcon de l'hôtel de ville de Montréal, un président de la République française a jeté à la face du monde : « Vive le Québec libre ! »

Autre signe d'espoir, la francophonie se développe à grande vitesse et il est estimé que dans quarante ans, nous serons 700 millions de locuteurs en français, soit 1 humain sur 12. Les trois quarts de ces francophones auront moins de 30 ans et habiteront en Afrique. Pendant ce temps-là, certains s'évertuent en France à vouloir tirer vers le bas, par égalitarisme régressif et doctrinaire, au lieu d'élever par l'instruction, et instaurer l'écriture inclusive, produit idéologique « politiquement correct » qui en réalité est excluante, car inutilement compliquée, lourde et en définitive absconse.

Il n'est pas certain non plus que le développement de la francophonie passera par l'Organisation internationale de la francophonie qui s'apparente désormais à ce que de Gaulle appelait un « machin » et dont la fureur bureaucratique et technocratique est particulièrement regrettable. Quel dommage !

Pour autant, il est du devoir de notre pays de tenir compte de l'incroyable créativité culturelle des pays francophones. En matière de littérature, des auteurs majeurs émergent chaque année et apportent, grâce à leurs différentes origines, mais avec le prisme commun du français, une touche d'intelligence et de sensibilité particulière. Il suffit, à titre d'exemple, de constater le talent, la qualité de la langue française et la vitalité créatrice des écrivains algériens contemporains, sans oublier de méritants éditeurs. C'est également vrai dans le domaine du cinéma. Il existe aujourd'hui une jeune génération de réalisateurs marocains et tunisiens tout à fait exceptionnels avec une qualité scénaristique remarquable, d'excellents acteurs et une présence majoritaire de jeunes femmes particulièrement talentueuses. Dans les pays d'Afrique subsaharienne, de jeunes créateurs, avec des moyens dérisoires – souvent un smartphone –, arrivent à réaliser des documentaires voire des mini-séries de très grande qualité, preuve de l'existence d'un très grand nombre de talents qui n'attendent que d'avoir des moyens pour se développer.

La France dispose du Centre national du cinéma, du Centre national du livre et du Centre national de la musique dont le rôle est d'apporter des soutiens financiers dans ces différents domaines. Il faut que ces structures consacrent une part conséquente de leurs soutiens au développement de la francophonie dans leurs domaines respectifs. Si nous ne sommes pas capables d'encourager et de développer l'usage de notre langue sur la planète, alors la France n'est plus la France !

## Faire – enfin – confiance au terrain

Les collectivités territoriales jouent également un rôle essentiel en la matière, leurs dépenses étant évaluées à près de 9 milliards d'euros. Il est une erreur majeure de concevoir la culture comme devant être définie partout sur le territoire par Paris. Les communes, intercommunalités, départements et régions exercent ces fonctions dans le cadre des compétences transférées par l'État, par exemple les archives qui relèvent des départements, mais aussi dans toute une série de domaines, que ce soient les musées, les théâtres, les conservatoires... Le « bloc communal », qui comporte les Établissements publics de coopération intercommunale (EPCI), est le grand financeur en la matière avec près de 7 milliards d'euros par an devant les Départements (1,1 milliard d'euros). Les Régions n'ont quant à elles, pour le moment, aucune compétence culturelle propre.

Il existe en France un jacobinisme culturel très fort. D'abord, l'État considère qu'il est le seul garant d'une politique culturelle publique, unique et obligatoire. Par l'intermédiaire des Directions régionales des affaires culturelles (DRAC), il agit en région sur tous les sujets d'ordre culturel. Ce jacobinisme est aussi très largement soutenu par les acteurs culturels eux-mêmes. Pendant longtemps, trop longtemps, ces derniers ont considéré que seul l'argent de l'État était noble et que celui des Régions, des Départements, des communes était médiocre, voire trouble. Or, le clientélisme culturel de l'État n'a à envier à aucun autre... Surtout, au fur et à mesure que l'État se désengage et que les collectivités territoriales montent en puissance en matière culturelle dans des conditions claires et transparentes, le discours a un peu tendance à changer de la part des bénéficiaires de subvention. Mais les habitudes sont longues à perdre !

Pendant longtemps, les collectivités territoriales étaient assez peu enclines à se doter de davantage de pouvoirs et donc de responsabilités en matière culturelle. Ces politiques coûtent cher, les compétences spécifiques en interne sont rares et, surtout, les communes craignent à juste titre que l'État ne leur confie toujours davantage de nouvelles missions sans les moyens financiers y afférents. Mais ces politiques sont en train d'évoluer : de nouveaux maires, de nouveaux présidents de conseils départementaux ou régionaux ont compris le bénéfice pour leurs collectivités d'investir dans le domaine culturel pour conserver de l'activité, créer de nouvelles externalités positives, développer le tourisme, faire croître l'activité économique de leur territoire, créer du lien.

Il est donc nécessaire, nous semble-t-il, de passer à une nouvelle étape de la décentralisation culturelle, notamment dans le domaine du spectacle vivant. Nous avons en effet déjà longuement développé le rôle des collectivités sur le patrimoine.

Pourquoi cacher nos nuances sur ce sujet ? Posons d'abord le problème et évoquons une situation clairement insatisfaisante.

Le soutien au spectacle vivant en région est aujourd'hui l'exemple d'une politique de non-choix : multiplication des labels, superposition des subventionneurs, rôle de régulateur de moins en moins légitime de l'État. Ce millefeuille de subventionnements divers et variés limite, en fin de compte, tout contrôle précis et rigoureux de l'utilisation des deniers publics. Il est profondément anormal, parce qu'il y a de multiples financeurs, qu'il n'y ait aucune évaluation sérieuse des cahiers des charges, ni d'évaluation de l'utilisation de l'argent des contribuables. L'exemple le plus typique de cette absence de politique globale est que les œuvres sont très peu diffusées, pas assez coproduites, et très souvent remisées dès qu'elles ont fait l'objet de cinq à six représentations. La production et son financement deviennent une finalité au détriment du partage avec le public et de la large diffusion de l'œuvre.

Aussi, une réflexion pourrait-elle être menée sur une réforme particulièrement ambitieuse : cesser cette politique de labels nationaux, ce qui implique de changer la loi, qui n'a plus d'intérêt direct au plan local pour créer, sur tout le territoire, des maisons de production et de diffusion. En effet, la différence entre les centres dramatiques ou chorégraphiques nationaux, censés développer la création, et les scènes nationales ou conventionnées, supposées soutenir la diffusion, est de moins en moins pertinente. Il faut que les artistes se polarisent sur leur métier, qui n'est pas la direction de structures culturelles, et se concentrent sur leurs créations sans être importunés par de lourdes considérations administratives, financières ou managériales, pour lesquelles ils ne sont pas formés. La question de la programmation de ces maisons de production et de diffusion est centrale : elle doit être approuvée à notre avis par des professionnels, en présence d'élus représentant les subventionneurs, mais qui doivent rester minoritaires, à l'image des commissions des Centres nationaux du cinéma, du livre ou de la musique qui choisissent des projets sur des critères exclusivement artistiques. Aucun système n'est idéal. Celui-là offre un certain nombre de garanties : les choix sont effectués par des professionnels suffisamment nombreux pour éviter l'arbitraire, avec procédure de déport en cas de conflit d'intérêts. Il suffirait de prendre des professionnels reconnus issus d'une autre région. Le *turnover* dans ces commissions devrait être rapide – deux ans maximum et un unique mandat – pour éviter des choix par trop systématiques. Par ailleurs, la présence des élus, c'est-à-dire des mandataires des citoyens, permettrait de lutter contre les phénomènes de l'entre-soi nuisibles à la diversité artistique.

Ces maisons de production et de diffusion contractualiseraient avec des compagnies, des créateurs, des chorégraphes, des chefs d'orchestre pour des périodes de deux ou trois ans et devraient être multidisciplinaires. Elles devraient naturellement mettre en œuvre une politique forte d'accueil des scolaires et être ouvertes sur tous les publics.

Qui pourrait porter une pareille réforme ? L'État, via les DRAC, ne nous semble pas l'échelon pertinent. Ces structures ont de moins en moins de crédits et peinent à assurer leurs missions au regard de la forte montée en puissance des collectivités territoriales. Elles peuvent jouer en revanche un rôle d'expertise.

Les Régions pourraient être en charge de ces domaines : elles disposent de la compétence économique qui est importante en l'espèce car les structures culturelles participent pleinement au développement des économies locales. Elles ont recruté, pour la plupart, des personnels dont le niveau d'expertise en matière culturelle ne cesse de grandir. Si la plupart d'entre elles ont compris l'intérêt de développer le secteur culturel, la taille et le manque d'appétence d'autres régions peuvent les éloigner du terrain et constituer un désavantage. Elles n'échappent d'ailleurs pas toujours à une bureaucratie qui n'a rien à envier à celle de l'État.

Les Départements constituent un recours intéressant car proches du terrain et avec des moyens qui peuvent être importants même si, aujourd'hui, ils affrontent de plein fouet la crise dans le cadre de leurs compétences sociales et la remise en cause de leurs financements par l'État. Certains d'entre eux développent des initiatives remarquables en matière culturelle : Loir-et-Cher, Charente, Hauts-de-Seine, Alpes-Maritimes… En définitive, trop peu d'entre eux, pour des raisons essentiellement financières, peuvent s'intéresser à la chose culturelle.

Les communes et leurs groupements intercommunaux jouent fréquemment un rôle essentiel, notamment avec les théâtres municipaux qui font tant pour porter la culture au plus près de la population tout en ayant parfois une offre culturelle ambitieuse et de grande qualité : à titre d'exemple, le plus grand festival de hip-hop de France qui réussit depuis plus de trente ans à créer un dialogue entre ce genre et la danse contemporaine est porté par le théâtre municipal de Suresnes, avec le soutien du Département et de la Région. Toutefois, beaucoup d'entre elles manquent souvent de moyens financiers, parfois de motivation et de personnel qualifié dans ce domaine. L'extension des compétences dans le secteur culturel pour les Établissements publics de coopération intercommunale (EPCI) peut constituer une solution intéressante lorsque aucune commune ne cherche à être véritablement leader en la matière. Les initiatives prises en l'espèce dans les grandes métropoles sont prometteuses.

En définitive, nous avons préféré ne pas trancher ce débat. La solution serait sans doute que chaque collectivité puisse être à l'initiative d'une maison de production et de diffusion, à l'échelle des projets portés et selon ses motivations propres. Cette approche permettrait d'éviter les doublons et le millefeuille administratif actuels sans pour autant empêcher d'autres entités de participer. Deux aspects sont essentiels. D'une part, il est important qu'une collectivité assume clairement un rôle de direction et de contrôle de ces structures, ce qui n'empêche pas des financements diversifiés. Des cahiers des charges devront être systématiquement rédigés et leur application contrôlée. D'autre part, et de façon corrélative, il faut créer un véritable barrage entre les responsables artistiques et les élus s'agissant de la programmation de ces structures. Il en va tout simplement de la crédibilité de la politique culturelle dans les territoires. L'exemple des festivals est rassurant de ce point de vue : les élus veillent au financement et si nécessaire à la fidélité de la manifestation, à sa vocation, sans aucune ingérence dans la programmation.

***

Plus de soixante ans après sa création, le ministère de la Culture doit opérer une profonde mue. D'abord parce que le paradigme a changé et qu'il est aussi paradoxalement la victime de son formidable succès. En quelques décennies, ce petit ministère a parfois fait des miracles en stimulant partout en France un nombre très important de structures et d'institutions culturelles avec une offre particulièrement riche. Il n'existe quasiment pas de zones blanches culturelles dans notre pays, et c'est la victoire de ce ministère et des collectivités territoriales.

Mais s'est-on véritablement préoccupé de la demande en matière culturelle et surtout de la manière de la susciter ? On a longtemps cru qu'elle pouvait être facilitée par une politique de gratuité ou de moindre coût. Or, force est de constater que le prix d'entrée dans les théâtres publics demeure relativement faible et que même les institutions culturelles dont les tarifs sont les plus élevés, comme les Opéras, demeurent relativement bon marché quand on les compare à leurs homologues à l'étranger ou à des parcs de loisirs. Lorsqu'en 2008, une expérimentation de gratuité fut faite en France sur une trentaine de monuments historiques et de musées[1], une étude sociologique fut effectuée pendant toute l'opération. La gratuité a entraîné deux phénomènes : d'abord un pic de fréquentation incontestable qui s'est très vite tari, la fréquentation, à l'issue des six mois, revenant quasiment à la normale. Ensuite, la composition sociologique du public de ces musées et monuments n'a pas changé et est demeurée globalement identique.

Cette mesure a essentiellement profité aux habitués de ces lieux qui ne payaient plus ce dont ils s'acquittaient spontanément avant, et ce, au détriment du budget de l'État. Cette expérimentation n'a pas été généralisée. En revanche, la gratuité a été étendue à tous les jeunes jusqu'à 26 ans afin de les inciter à fréquenter ces établissements et de prendre l'habitude d'y venir. Pour autant, la gratuité est inutile voire contre-productive si une véritable politique d'éducation artistique et culturelle n'est pas mise en place pour éviter le phénomène de reproduction sociale ; seules les classes privilégiées fréquentent ces établissements et bénéficient des mesures d'incitation pour le faire[2]. C'est à l'école que tous les jeunes Français doivent avoir accès à ces richesses culturelles dont la France doit s'enorgueillir.

1. Rappelons qu'en Grande-Bretagne, les musées nationaux sont gratuits, les expositions temporaires étant payantes et assez chères.

2. Les musées nationaux sont gratuits pour les chômeurs et les personnes aux minima sociaux. Il n'existe à notre connaissance aucune statistique en la matière et il est probable que la fréquentation par ce segment de public serait de toute façon epsilonesque.

# 5

# Pour une force d'intervention culturelle extérieure

« L'homme vit d'une vie vraiment humaine grâce à la culture. La vie humaine est culture en ce sens aussi que l'homme se distingue et se différencie à travers elle de tout ce qui existe par ailleurs dans le monde visible : l'homme ne peut pas se passer de culture. »

Jean-Paul II,
Discours à l'Unesco, Paris, 1980.

En 2007, un traité international entre la France et les Émirats arabes unis est adopté par le parlement français. Il porte sur le soutien de la France à la création d'un grand musée universel à Abu Dhabi. Ce projet a suscité, comme souvent en matière culturelle, une polémique d'une grande intensité et d'une particulière violence, certes limitée au seul milieu des conservateurs de musée qui se caractérise en général par des échanges plus feutrés.

## Le Louvre Abu Dhabi

Évoquons d'abord le projet avant la polémique. Les Émirats arabes unis sont un des pays les plus riches du monde après avoir figuré parmi les espaces les plus désolés de la planète. Au lendemain de la Seconde Guerre mondiale, ce pays ne comportait que quelques dizaines de milliers d'habitants, dont l'activité principale était la pêche à la perle sous un soleil écrasant.

La découverte des premiers gisements de pétrole puis de gaz, au début des années 1960, allait faire décoller de façon spectaculaire les Émirats, sous la conduite du Cheikh Zayed, et lui permettre en peu de temps de devenir un pays immensément riche, avec un des PIB par habitant les plus élevés au monde.

Cette aisance financière soudaine n'a pas empêché les Émiratis de réfléchir à leur avenir. La manne pétrolière sera définitivement tarie dans quelques dizaines d'années et il importe donc de développer les futures ressources économiques, dans un contexte où les Émiratis représentent de surcroît une part infime de la population totale, les travailleurs émigrés en constituant un peu plus de 88 %.

Les Émirats arabes unis disposent d'un atout considérable : plus de 350 jours de soleil par an et des températures qui descendent rarement en dessous de 20 °C avec une eau de mer qui peut monter jusqu'à 34 °C. Certes, l'été est quasi irrespirable et la climatisation partout présente. Par ailleurs, contrairement à notre tropisme européen qui nous place au centre du monde, les Émirats sont un véritable nœud aérien, au carrefour de l'Europe, de l'Amérique et de l'Asie, et ont développé des infrastructures aéroportuaires de haut niveau. Ils ont par ailleurs créé à Dubaï de gigantesques *malls* qui leur ont permis de devenir le centre commercial de tout le Proche et Moyen-Orient. Enfin, pourtant situés dans une zone potentiellement à haut risque géopolitique, les Émirats arabes unis sont, à ce jour, une destination particulièrement sûre.

Aussi, compte tenu de ces atouts, Abu Dhabi a fait le pari d'un tourisme international orienté vers le haut de gamme. Pour cela, il faut attirer les visiteurs : le climat, les plages, la sécurité, les centres commerciaux constituent au regard des critères de ce marché planétaire des avantages compétitifs très forts. Mais ce jeune pays, à l'histoire récente, a compris qu'il fallait donner un supplément d'âme pour ces visiteurs. Dépourvus de sites archéologiques ou patrimoniaux importants, les Émirats ont ainsi décidé de créer toute une série d'infrastructures culturelles à Abu Dhabi, en considérant que ces dernières pourraient d'une part intéresser une population locale aisée, les très nombreux expatriés, et d'autre part attirer des touristes internationaux.

Aussi, un gigantesque projet est lancé sur une presqu'île face à Abu Dhabi qui doit comporter plusieurs équipements culturels : un musée d'art contemporain, un musée national, un musée universel, une grande salle de concert... La richesse du pays permet d'investir des sommes tout à fait considérables, de choisir les meilleurs architectes, opérateurs, animateurs, et de ne pas regarder à la dépense à partir du moment où les propositions sont honnêtes.

Parmi les institutions culturelles ciblées figure l'idée de créer un grand musée universel, qui servirait d'écrin pour les collections nationales. La difficulté est que ni l'un ni l'autre n'existe et que les Émiratis ne peuvent monter seuls ce projet.

C'est la raison assez naturelle pour laquelle ils vont se tourner vers la France. Les années 1980-2010 ont été riches en expériences et surtout en constructions de nouveaux équipements culturels intéressants d'un point de vue architectural, mais surtout de remarquables succès en fonctionnement : Grand Louvre, Opéra Bastille, Bibliothèque François-Mitterrand, musée du Quai Branly, Cité des sciences et de l'industrie, et Philharmonie de Paris. Au cas particulier, le Louvre est sans aucune contestation possible le plus grand musée universel de la planète, devant le Met de New York et d'autres structures proches. Il dispose de collections allant de la plus haute Antiquité jusqu'à l'impressionnisme. La qualité de ses vestiges archéologiques, peintures, sculptures, objets d'art, est exceptionnelle. Le travail scientifique qui y est mené est de premier ordre. Les conservateurs des principaux départements sont des spécialistes internationalement reconnus dans leur matière.

Que demandent les autorités d'Abu Dhabi à la France, en sachant qu'ils ont chargé l'architecte français Jean Nouvel de construire ce grand musée universel ?

D'abord de les assister dans la constitution des collections nationales en prodiguant des conseils sur les œuvres d'art qu'il convient d'acheter sur le marché international et qui deviendront la propriété des Émirats. Dans l'attente de l'arrivée de ces pièces, le musée du Louvre et ses partenaires français prêteront des œuvres au futur musée pour des durées de deux à trois ans, le temps que les collections émiraties viennent y prendre place. Ensuite, le Louvre et les musées français vont proposer des expositions temporaires dès le démarrage du musée. Une structure sera mise en œuvre, dénommée France Muséums, qui aura aussi pour rôle de conseiller les autorités émiriennes dans la gestion de l'établissement, sa politique des publics, la conservation des œuvres... Enfin, le futur musée sera autorisé à porter le nom de « Louvre Abu Dhabi ». L'ensemble de ces prestations rapportera près d'un milliard d'euros, ce qui est à ce jour, pour des prestations d'ingénierie culturelle, le montant le plus élevé jamais obtenu.

Pour autant, en 2007, l'opération a suscité une polémique aussi intense que microcosmique comme seuls peuvent en connaître les dossiers culturels. Un peu plus de 5 000 conservateurs, directeurs de musée et universitaires ont signé une pétition s'opposant à ce qu'ils considèrent être une marchandisation de la culture[1].

Cette pétition fustige en fait davantage la « location » ou « le prêt payant » d'œuvres d'art que le projet. Il est juste regrettable que certains aient utilisé des arguments liés au pays et à la région dans laquelle était installé le Louvre Abu Dhabi : envoyer des œuvres sur place pour les montrer à des touristes était inacceptable car on en privait ceux qui venaient en France ? En d'autres termes, certaines personnes, grâce à leurs origines ou leur nationalité, méritent de voir des œuvres et d'autres non ? Étrange argumentation !

---

1. « L'ensemble des grands musées français et européens ont résisté à ces expansions ou locations commerciales et médiatiques et les désapprouvent. Tout comme s'y opposent la plupart des conservateurs français, contraints à un devoir de réserve contestable sur des sujets qui sont pourtant l'essence de leur métier. Bien sûr, il faut prêter des œuvres d'art si leur état le permet et si leur sécurité est garantie, mais gratuitement, et dans le cadre de manifestations qui apportent une contribution à la connaissance et à l'histoire de l'art. C'était, jusqu'à présent, un impératif moral et scientifique. Selon quel principe, soucieux de la conservation et de la mise en valeur des collections patrimoniales, devrait-on utiliser les œuvres d'art comme des monnaies d'échange ? Les enjeux politiques et diplomatiques doivent-ils primer sur toute autre considération et entraîner des dépôts payants d'œuvres essentielles au patrimoine d'un pays ? »

## Les colonnes du Temple de la politique muséale

La pratique des prêts payants d'œuvres d'art s'est beaucoup développée dans les dernières années. Au regard de la curiosité et de l'intérêt mondial pour l'art – qui auraient dû en principe réjouir les adversaires du Louvre Abu Dhabi –, de grands musées acceptent de louer leurs œuvres pour des expositions internationales, ce qui leur permet d'engranger de substantiels revenus, bien utiles face au caractère toujours plus limité des crédits de l'État, notamment pour les acquisitions.

Les prêts des grands musées pour des expositions ont toujours existé, mais ces derniers étaient auparavant effectués à titre gratuit[1] et dans le cadre d'un projet scientifique et non commercial, même si pour quelques très grandes expositions internationales, il n'est pas toujours simple de faire la différence entre le bon grain de la valeur scientifique et l'ivraie du commerce échevelé. Pour autant, des exceptions notables existent : le musée Picasso de Paris a financé une large partie de ses travaux en vendant clé en main des expositions de ses collections qui étaient de toute façon inaccessibles au public pendant cette période. Sans aucun esprit de provocation, qu'y a-t-il de mal à cela ?

Le seul débat qui vaille en la matière est la sécurité et la conservation des œuvres. Le prêt d'une œuvre – qu'il soit gratuit ou payant – fait toujours courir des risques à cette dernière lors du déplacement, du transport ou de l'installation. De même, il faut avoir la sagesse de ne

1. Quel musée n'a néanmoins pas profité d'un prêt pour faire restaurer son œuvre aux frais de l'organisateur de l'exposition ?

pas déplacer des œuvres fragiles car la première tâche qui incombe aux responsables de musées et aux conservateurs est de pouvoir léguer ces pièces inestimables aux générations futures. S'il s'agit bien du seul argument qui vient s'opposer au Louvre Abu Dhabi, il convient alors d'interdire toutes les expositions temporaires sur toute la planète au motif de la sécurité des œuvres.

Il faut toutefois raison garder : les œuvres les plus insignes de l'humanité sont-elles toujours conservées dans des conditions absolument parfaites là où elles se trouvent ? Peut-on citer un exemple d'une œuvre qui ait été détruite lors de son déplacement pour une exposition ? D'infinies et très normales précautions sont toujours prises en la matière, même si le risque zéro n'existe pas.

Par ailleurs, en quoi le fait d'exposer des œuvres issues des musées français à Abu Dhabi n'est-il pas « une contribution à la connaissance et à l'histoire de l'art » ? Ce n'est pas parce que les prêts sont rémunérés que les personnes qui vont les voir ne sont pas dignes d'accéder à cette connaissance et à cette émotion – mot trop absent de la part des contempteurs du projet – que peut provoquer une œuvre ? En quoi le visiteur d'une exposition au Grand Palais est-il plus digne de voir une œuvre qu'un touriste en vacances à Abu Dhabi ? Ces œuvres remarquables n'appartiennent-elles pas à l'humanité tout entière et non au conservateur de département d'un musée dans lequel elles se trouvent souvent par hasard, au sens où les acquisitions d'œuvres importantes sont rares aujourd'hui, voire, parfois, dans des conditions discutables, fruits d'une histoire souvent complexe ? Il ne s'agit pas là de lancer un débat sur la problématique si complexe des restitutions d'œuvres d'art aux pays dont elles sont issues. L'essentiel à nos yeux est que les œuvres puissent être conservées dans de bonnes conditions et être vues par de « simples » touristes comme par des amateurs éclairés. Certes, la notion de logique de collections existe. Il est normal qu'Orsay, par exemple, conserve les chefs-d'œuvre de l'impressionnisme qui est un mouvement dans lequel les artistes français ou résidant en France ont pris une part prépondérante. Mais ne peut-on voir aussi de remarquables tableaux impressionnistes dans d'autres musées en France, ou à l'étranger comme à New York ou Washington ? Comment peut-on parler d'ailleurs de logique de collections lorsque ces dernières ont été constituées dans le passé, soit par de riches collectionneurs qui ont toujours favorisé l'éclectisme, soit par des institutions étatiques qui voulaient tout simplement conserver des objets d'art qu'elles possédaient.

En revanche, il convient de faire une légère digression qui a toute sa place ici, sur le dogme absolu, les colonnes du Temple du principe de l'inaliénabilité des collections nationales. En France, les œuvres appartenant aux collections publiques ne peuvent être vendues et ce principe a été récemment étendu aux œuvres des Fonds régionaux pour l'art contemporain (FRAC). La simple évocation de ce principe provoque, là aussi, des polémiques insensées. Les arguments ne sont pas sans force : les musées pourraient vendre sous une pression budgétaire des œuvres jugées mineures mais qui se révéleraient des chefs-d'œuvre dans le futur, au détriment de nos collections nationales.

Pourtant, à l'instar de Guillaume Cerutti[1], président de Christie's, nous pensons qu'il est tout à fait possible d'apporter quelques aménagements à ce principe qui semble sacré.

---

1. Guillaume Cerutti, *La Politique culturelle, enjeu du XXI^e^ siècle*, Odile Jacob, 2016.

Les grandes institutions américaines comme le MoMa ou le Met, pourtant dirigées par des historiens d'art tout à fait incontestables, vendent parfois des œuvres leur appartenant sans que la qualité de leurs collections ne soit atteinte et ce d'autant que le produit de ces ventes ne sert qu'à en acquérir de nouvelles. Évidemment, toute une série de précautions doivent être prises en la matière quant à la procédure permettant de désigner l'œuvre à vendre et la définition de celle qui est ciblée à l'achat. Ces décisions importantes ne peuvent être que collectives.

Par ailleurs, on peut se demander pourquoi les grands musées n'effectuent pas d'échanges d'œuvres entre eux. Trop de conservateurs du Louvre se plaignent à juste titre de l'absence de tableaux majeurs de la peinture espagnole dans leur collection pour que la question d'un échange avec leurs collègues du Prado d'un Vélasquez contre une œuvre importante de la peinture française ne se pose...

***

Revenons au projet d'Abu Dhabi. Comme souvent en matière culturelle, la polémique a ressemblé à un soufflé au fromage laissé trop longtemps au four. Lors de l'inauguration de ce magnifique bâtiment en 2017, tout le monde avait oublié ces vaines discussions datant de dix ans pour se réjouir de la participation de la France à la constitution de ce musée qui est un immense succès et le premier équipement culturel de la presqu'île de Saadiyat à sortir de terre[1]. Lors de la première année de son ouverture, un million de visiteurs ont franchi ses grilles.

1. Les projets avec le British Museum et la Fondation Guggenheim n'ont pu, eux, voir le jour et semblent compromis.

Ce résultat remarquable montre surtout la capacité de notre pays à se montrer rayonnant, performant et attirant dans le domaine de l'ingénierie culturelle. C'est aussi la réussite de nos institutions, à commencer par le musée du Louvre, qui a permis au Louvre Abu Dhabi de rapporter un milliard d'euros pour la France et ses structures culturelles. Dans quel domaine industriel l'expertise hexagonale est-elle à ce point recherchée et permet des gains aussi élevés ? On peut aussi citer le formidable dynamisme du Centre Pompidou en la matière avec son musée de Malaga, et ses projets en Chine qui viennent d'aboutir récemment à Shangaï. Il est clair que notre valeur ajoutée en matière culturelle est recherchée dans le monde entier et que nous savons la valoriser. On peut également évoquer le projet culturel en Arabie Saoudite de l'oasis d'Al-'Ula pour lequel la France est fortement impliquée et qui, à terme, pourrait rapporter plusieurs milliards.

Maintenant que le Louvre Abu Dhabi est sorti des sables et dispose de sa propre direction générale, il conviendrait de donner un second souffle à France Muséums et de renforcer ses capacités en termes de prospection et de propositions en matière d'ingénierie culturelle à travers la planète. La présence en son sein de quasiment tous les grands monuments patrimoniaux et musées français permet ainsi à cette agence de disposer d'un niveau de compétence et d'expertise exceptionnel.

Profitons, pour une fois, de notre réputation pour faire rayonner la culture et générer des revenus.

6

# Les nouvelles frontières du numérique

> « Ne voyez-vous pas que le véritable but du novlangue est de restreindre les limites de la pensée ? À la fin, nous rendrons littéralement impossible le crime par la pensée car il n'y aura plus de mots pour l'exprimer. Tous les concepts nécessaires seront exprimés par un seul mot dont le sens sera rigoureusement délimité. Toutes les significations subsidiaires seront supprimées et oubliées. [...] Chaque année, de moins en moins de mots, et le champ de la conscience de plus en plus restreint. »
>
> George Orwell, *1984*.

Il est parfois des expressions dites « tarte à la crème » qui envahissent notre espace public. La fameuse « révolution du numérique » en fait partie et elle est encore très largement employée comme un mot-valise que l'on dégaine pour faire moderne, surtout en absence d'argumentaires. Rien de sérieux ne peut se faire sans cette onction sacrée et il n'est quasiment pas un colloque dans n'importe quel domaine qui ne parle des défis d'une activité face à la révolution du numérique. On peut voir cela pour la plantation de choux-fleurs, l'achat de camions de pompiers ou la pratique du yoga. Dès que l'on confronte ces sujets à la révolution du numérique, on sent un esprit neuf, créatif et moderne qui flotte au-dessus de thématiques terre à terre… La culture n'y échappe pas. Avec plus ou moins de pertinence selon les sujets.

De façon très générale, comme nouveau mode technologique de transmission des informations, mais aussi de conception et de production de nombreux contenus à vocation artistique, le numérique a ouvert un horizon d'activités et d'opportunités étourdissantes, et, de façon symétrique, des périls proportionnels. Ces dangers sont ceux de l'uniformisation des expressions, y compris artistiques, qui peut résulter d'un univers algorithmique accentuant les biais cognitifs sur les réseaux sociaux devenus aujourd'hui vecteurs de notoriété pour les œuvres et les créateurs. Dans son instantanéité communicationnelle et souvent émotionnelle, l'information numérique génère des risques, dont l'amplification des effets d'imitation, la recherche d'une notoriété approuvée (« likée » par le plus grand nombre) conduisant au conformisme, ou au contraire la volonté d'exister par les si efficaces « bad buzz » dont la provocation et la vulgarité l'emportent sur la qualité du travail ou la véritable rupture créatrice.

## Les nouvelles frontières en matière culturelle

Parallèlement, les opportunités du numérique au service de l'univers culturel sont une évidence, y compris pour le secteur privé. La preuve en est dans l'investissement de Google. Avec Google Arts et Culture (ex-« Art Project »), qui permet la numérisation de millions d'œuvres en haute définition et la présentation en 3D de plus de 150 musées internationaux, le géant de Mountain View assume une présence hégémonique sur le secteur, sous couvert d'un libre accès aux contenus. Cette initiative n'est pas critiquable en soi tant que Google ne devient pas propriétaire des droits sur les œuvres ainsi numérisées et qu'il n'a aucune exclusivité en la matière, ce qui est pour le moment le cas. Il peut s'agir d'une manifestation désintéressée visant au développement par le numérique des connaissances humaines. L'avenir jugera ! Il est surtout regrettable que la puissance publique n'ait jamais été en capacité de le faire et se contente soit d'être simplement spectatrice, soit d'être bêtement critique. Il est vrai que l'échec retentissant – et écrit à l'avance – du lancement à grands frais par la Commission européenne de la banque de données Europeana avait de quoi refroidir les ardeurs les plus fortes !

En termes d'intérêt général, la connaissance du patrimoine et la possibilité de mobilisation populaire pour défendre des sites en péril, les promouvoir, générer des financements (*crowdfunding*) peuvent bénéficier de toutes les capacités des modes actuels de communication. Dans le même esprit, les catalogues d'œuvres, les sites muséographiques, les données artistiques, numérisés et en ligne sont immédiatement et facilement accessibles à tous.

La récente mise en place du projet Micro-folie par le ministère de la Culture avec la coordination de l'Établissement public de la Villette, à Paris, relève de ce registre. L'idée est simple et opérationnelle : elle consiste à donner accès à de grandes œuvres détenues par les plus grands musées français en installant des

« micro-musées » numériques sur le territoire. Les sites candidats assument le coût et répondent au cahier des charges de l'opération, avec un agencement validé, des écrans interactifs, soit dans un établissement existant, comme une médiathèque, un lieu d'accueil du public ou une galerie commerciale, soit en l'intégrant dans un projet neuf. Inspirée des « Folies du parc de La Villette » conçues par l'architecte Bernard Tschumi, chaque « micro-folie » est un lieu convivial, à très faible budget, ouvert à tous, où le public peut découvrir des chefs-d'œuvre sous une forme numérique. Un Fab Lab (selon le jargon habituel) est aussi présent pour permettre les expériences créatrices. Outre La Villette qui examine et suit chaque projet local, les partenaires fondateurs sont le château de Versailles, le centre Pompidou, le Louvre, le musée Picasso, le musée du Quay Branly – Jacques Chirac, la Philharmonie de Paris, la RMN-Grand Palais, Universcience, l'Institut du monde arabe, le musée d'Orsay, l'Opéra national de Paris, les festivals d'Avignon. D'autres grands opérateurs nationaux s'associent à la démarche.

Le réseau des micro-folies est en train de se mettre en place et méritera d'être évalué pour, le cas échéant, être ajusté. Il conviendra d'analyser le degré quantitatif de succès rencontré ainsi que la composition du public accueilli au sein des sites s'inscrivant dans cette belle initiative.

La question se pose de la formation et de l'appétence de chacun pour la chose culturelle. À l'instar des gratuités instaurées dans les musées qui n'avaient profité qu'à ceux qui venaient déjà, jusqu'alors, en payant, les études démontrent qu'il n'y a pas de démocratisation artistique spontanée par le numérique et que celle-ci nécessite toujours au préalable l'apprentissage de connaissances et, surtout, le développement du goût pour les arts et de la curiosité pour les découvrir. L'éducation artistique et culturelle, une fois de plus, trouve toute sa raison d'être.

Deux autres aspects du lien entre technologie numérique et développement artistique doivent être évoqués : d'une part, les capacités techniques de créations nouvelles qu'apporte l'ensemble de ces technologies, des logiciels graphiques aux imprimantes 3D, d'autre part, la possibilité pour des artistes talentueux dans le domaine des arts plastiques mais peu à l'aise avec le système traditionnel de légitimation des œuvres par les galeries d'art les plus importantes, de faire connaître leur catalogue et d'entrer en contact avec des acheteurs. Rien n'est magique ni facile en la matière. La faculté d'exister « artistiquement » sur Instagram, Facebook, LinkedIn ou autre réseau social, et plus largement sur la Toile, exige un grand savoir-faire en marketing digital. Instagram a pris très rapidement une place stratégique dans le monde de l'art, puisque d'après une étude d'opinion publiée dans le rapport Hiscox 2019[1] sur le marché de l'art en ligne, 65 % des personnes interrogées placent ce réseau social au premier rang pour accéder à des contenus artistiques.

En matière de peinture, de sculpture, d'arts graphiques et plastiques, il est certain que le marché de l'art contemporain connaît un grand bouleversement dû à ces modes nouveaux d'exposition et de valorisation numériques des œuvres. L'enjeu n'est pas mince puisqu'en 2019, le marché mondial de l'art contemporain représentait un chiffre d'affaires d'environ 13,5 milliards de dollars pour 550 000 pièces vendues.

1. www.hiscox.fr

Tableaux, photographies, sculptures et autres objets d'art voient émerger de nouveaux vecteurs numériques de notoriété et d'acquisition. Il en résulte une évolution et certainement une transformation du marché dont les acteurs émergents constituent d'énormes bases de données connectées à un nombre croissant d'acheteurs. La conséquence sera, comme dans les autres domaines économiques, une nouvelle hiérarchie des grands professionnels du secteur. Que vont devenir les 6 300 salles de vente dans le monde ? Lesquelles vont tirer profit de ces évolutions et lesquelles vont disparaître ? Quelles seront les conséquences sur les galeries et notamment celles qui, depuis des décennies à New York, étalonnent une grande partie des artistes et des œuvres ? Un deuxième marché de l'art, avec des créations dont la majorité est vendue à moins de 1 000 euros, se développe et accélère la relation entre le créateur et l'acquéreur, fluidifiant une nouvelle forme d'offre et de demande, au profit d'artistes locaux qui peuvent rester physiquement présents sur leur territoire, sans forcément avoir l'obsession d'être repéré par telle ou telle galerie de Londres, New York ou Paris.

De nouvelles entités se développent, soit en utilisant les techniques du numérique devenues – déjà – traditionnelles, soit en créant de nouvelles modalités de cotation et de vente, notamment par l'utilisation de la *blockchain* qui permet de faciliter et de fiabiliser l'authentification des œuvres comme des transactions. Artory et dotART par exemple se sont ainsi affirmés dans le secteur et annoncent l'éclosion d'une multitude de nouveaux acteurs. Les ventes en ligne, y compris aux enchères, sont de plus en plus représentatives. Les maisons traditionnelles qui ont su avec succès se positionner sur le Web, telles Sotheby's, Christie's et

Phillips, sont désormais concurrencées par ArtStack, Artsper, ART SY, Artnet, Saatchi Art ou Artspace, sans oublier bien sûr Amazon. Et tant d'autres... La concurrence est féroce. Dieu (l'acheteur) reconnaîtra les siens.

Sur le plan muséal, les expositions virtuelles, en complément des expositions physiques, fleurissent et la tendance n'a pas attendu le confinement dû au Covid-19 ! Ainsi, lors de l'exposition Léonard de Vinci en octobre 2019 au musée du Louvre, la réalité virtuelle a accompagné l'opération muséographique classique.

Enfin, la réflexion sur l'utilisation du numérique et ses conséquences dans le domaine culturel ne porte pas que sur les conditions de découverte, d'exposition et de partage d'un point de vue commercial des œuvres, mais aussi sur la production artistique elle-même, avec une question qui alimente de multiples articles et colloques : existe-t-il un art numérique, c'est-à-dire un genre spécifique d'œuvres d'art numériques se distinguant des autres formes de création et pouvant s'inscrire dans la durée jusqu'à survivre à leur hauteur[1] ?

Ce qui est certain, c'est que depuis la *Tour spatiodynamique, cybernétique et sonore* réalisée en 1955 à Saint-Cloud par l'artiste plasticien Nicolas Schöffer, associé au compositeur Pierre Henry, père de la musique électronique, et à un ingénieur, Jacques Bureau, le recours au numérique a irrigué de nombreuses créations, dont des œuvres totalement dématérialisées – jusqu'à un certain point puisqu'elles sont conditionnées à tout

1. Sur cette question, voir notamment les comptes rendus de la conférence « Le numérique renouvelle-t-il la création artistique ? », Les mardis des Bernardins, Collège des Bernardins, 19 mars 2019.

le moins à leur figuration sur un écran. On peut raisonnablement penser aussi que l'hybridation entre le physique et le virtuel continuera de se développer par la création d'œuvres exposées ou d'œuvres à regarder et/ou écouter depuis son portable, voire matérialisées chez soi par une imprimante 3D.

## La révolution de la diffusion des contenus

S'il est un secteur dans lequel la révolution du numérique est une réalité et a déjà eu des conséquences totalement majeures, entraînant des changements systémiques, c'est bien celui de la musique, du cinéma et de l'audiovisuel. Toutes les évolutions sont perturbantes par nature, mais cette dernière a conduit à un bouleversement complet des modes de diffusion, autrefois restreints et souvent limités par l'État. Il n'est pas si vieux le temps où des radios privées ne pouvaient pas émettre depuis le territoire national. Pour contourner ce dispositif, RTL avait décidé d'émettre depuis le Luxembourg, RMC depuis Monaco et Europe 1 depuis la Sarre. Par ailleurs, la France n'a compté que trois chaînes de télévision, toutes publiques, jusqu'en 1984 ! Pour les jeunes générations, tout cela est de la préhistoire, tout comme penser que l'accès à Internet fut longtemps limité en durée. Les abonnements illimités ne remontent qu'à vingt ans, à la grande surprise des adolescents actuels qui ont du mal à croire qu'à l'orée des années 2000, on pouvait avoir des abonnements offrant seulement une ou deux heures de connexion par semaine.

Internet a bien entraîné une révolution à la fois pour accéder à des contenus musicaux, mais aussi à des images (films, fictions, documentaires...). La première étape, fondamentale, est la dématérialisation : il n'y a plus besoin de disques, de cassettes, de bandes, de VHS, de CD, de DVD. La seconde étape est la révolution des usages. Quand on voulait voir une émission ou un film à la télévision il y a moins de vingt ans, il fallait acheter un programme, vérifier le jour, l'heure et se rassembler devant l'unique poste de télévision familial pour goûter à l'émission attendue. L'autre solution était de louer une cassette ou un DVD pour vingt-quatre heures[1]. L'équation a radicalement changé : désormais, je dois pouvoir regarder ce que je veux, où je veux, quand je veux, et sur l'écran de mon choix. La troisième révolution n'est pas celle du modèle, qui demeure basé soit sur l'abonnement pour les plateformes de type Netflix ou Amazon Prime – mais n'est-ce pas équivalent à celui des télévisions payantes ? – soit sur la gratuité comme YouTube financé par la publicité – c'est l'équivalent de la télévision. C'est celle de la profusion. Comme le dit fort bien Reed Hastings, PDG de Netflix : « Mon seul concurrent, c'est le sommeil. » Personne n'est capable de regarder toutes les vidéos des plateformes comme de venir à bout du catalogue de musique de Deezer ou Spotify. La qualité, la ligne éditoriale n'ont plus d'intérêt. Seul compte le fait que, pour un abonnement modeste, le client considère en « avoir pour son argent », puisqu'il ne peut pas « consommer » tout ce qui lui est offert. Enfin, la quatrième révolution directement liée à la profusion est celle de la mondialisation des diffuseurs : les investissements sont tellement importants pour offrir tous les contenus que les plateformes, qu'elles

1. C'est ainsi que Netflix et Reed Hastings ont commencé...

diffusent de la musique ou des images, ont besoin de les exploiter sur un terrain de jeu mondial qui ne peut connaître aucune frontière, sous peine de détruire son modèle économique. Non seulement *big is beautiful* mais surtout *big is essential.*

Ces quatre révolutions sont rendues possible de surcroît par un excellent réseau en France, nonobstant encore la présence de quelques zones blanches très pénalisantes, qui permet un accès à Internet à un prix modique par rapport à d'autres pays européens, pour une très bonne qualité technique.

## L'ardente nécessité d'une régulation

Saluons de prime abord cette révolution du numérique. Grâce à elle, les contenus culturels sont aisément accessibles, disponibles en permanence, gratuitement ou de façon peu coûteuse. C'est une chance historique pour la génération qui arrive de pouvoir ainsi accéder aux éléments essentiels de la culture et du savoir. C'est un outil rêvé pour l'éducation artistique et culturelle. Qui pourrait sérieusement blâmer le progrès colossal que fut l'invention de l'électricité domestique au XIXe siècle ? C'est le même débat qui se pose à nous aujourd'hui. Il n'est ni possible ni souhaitable de revenir sur une avancée majeure mais simplement de définir un certain nombre de lignes directrices, de protections, de précautions et une éducation à l'usage pour que cet indéniable progrès soit réellement au profit de tous. Il faut par ailleurs éviter une concentration par trop exclusive des richesses tout en évitant de tuer à petit feu ceux qui ont pour activité de produire des contenus. En un mot, il faut de la *régulation.*

Or, le numérique est-il bien régulé ? Poser la question est déjà émettre un doute... Il n'est pas « à la mode » de critiquer ce qui apparaît comme un usage tellement répandu qu'il fait devenir absconse toute interrogation. Vouloir poser des limites à l'utilisation d'Internet quand on appartient à une génération non native avec ce dernier est dangereux : « vous voulez vous aliéner la jeunesse ? » est parfois l'interrogation effarée posée par ceux qui préfèrent jouer à l'autruche enfouissant sa tête dans le sable. La réponse n'est pas si simple. Si des personnes de notre âge peuvent se passer sans aucune difficulté des réseaux sociaux et des plateformes de vidéo, un tel paradigme est totalement inenvisageable pour les générations montantes : en être privé est une condamnation à mort numérique et donc un assassinat social. Cela ne fait que renforcer l'absolue et primordiale nécessité d'une éducation à l'utilisation d'Internet et des réseaux sociaux qui ne doivent pas devenir une poubelle qui attaque, qui salit, qui humilie. La liberté sur Internet et sur les réseaux sociaux a un corollaire : la responsabilité.

Chacun a pu noter le rôle délétère joué par les réseaux sociaux lors des récents attentats qui ont endeuillé la France. La difficulté majeure est qu'il n'y a aucune bonne volonté à attendre de ces plateformes : leur modèle économique est de générer un maximum de trafic, pour collecter des données et développer leurs colossales ressources publicitaires. Leur rôle dans le climat très dégradé que connaît notre pays est aujourd'hui clairement sous-estimé, y compris par les plus hautes juridictions de l'État qui confondent la liberté de communication avec le droit d'injurier, de salir et de calomnier.

La proposition de loi portée par Mme Avia et les débats qui l'ont accompagnée ont permis, à tout le moins, de faire un constat atterrant : la justice française est dans la plus totale incapacité d'appliquer la loi pénale aux réseaux sociaux alors que les textes punissent et répriment les incitations au terrorisme, mais aussi l'insulte, la propagation de la haine et la diffamation.

Il est trop facile pour les thuriféraires de la liberté d'expression de s'abriter confortablement derrière le cache-sexe de la justice pour considérer avec hauteur que seul un juge peut faire enlever un message de haine ou une menace de mort. L'application simple des textes est devenue matériellement impossible ! À quoi sert d'avoir des grands principes, à quoi sert même d'avoir un Code pénal s'il n'est pas possible de faire respecter la loi ? Dans un monde idéal, oui, il faudrait faire traduire en justice les minables qui s'abritent derrière des pseudonymes[1] pour insulter, diffamer, menacer. La difficulté majeure est qu'ils seraient des centaines de milliers et que leur déferrement en justice conduirait à un embouteillage massif des tribunaux. Est-ce envisageable ? Évidemment non, pour des questions de moyens humains car la justice en France n'est absolument pas en capacité de pouvoir gérer des contentieux de masse. Elle a d'ailleurs horreur de cela et cherche toujours à y échapper[2].

1. Contrairement à une idée reçue, l'anonymat est très rare sur Internet. On finit toujours, avec des moyens, par retrouver une personne.

2. La raison principale de l'inconstitutionnalité de la loi Hadopi fut que la suspension de l'abonnement à Internet n'était pas prononcée par un juge mais par une autorité administrative indépendante. En effet, les services du garde des Sceaux avaient fait un lobbying intensif auprès de Matignon pour que cette mesure ne leur revienne surtout pas, craignant sans doute d'encombrer les tribunaux par des contentieux jugés mineurs.

Prenons un exemple concret : le Code pénal prohibe le fait de montrer à des mineurs des vidéos pornographiques. Jusque-là, tout paraît sérieux, voire normal. Mais les choses se compliquent quand on veut interdire à des sites de vidéos pornographiques de montrer des contenus sans aucune mesure de protection pour les enfants. En effet, ces sites sont installés à l'étranger, il faut retrouver le gérant, prouver son intention de vouloir corrompre la jeunesse… Ajoutons qu'il est très difficile d'empêcher l'accès à un site sans atteindre au principe de la liberté de communication et à celui, fallacieux, de neutralité du Net qui considère qu'il n'appartient ni aux hébergeurs ni aux transporteurs d'être responsables des contenus qu'ils véhiculent. Nous y reviendrons. En d'autres termes, pour la justice, le plus simple est de ne rien faire plutôt que de dépenser de l'énergie à vouloir faire interdire un site qui renaîtra de ses cendres quelques jours plus tard.

Pour autant, il est urgent d'agir. L'exemple de la censure des comptes Twitter et Facebook de Donald Trump en janvier 2021 pose un certain nombre de questions.

Comme entreprise privée, il n'est pas illégal que Facebook ou Twitter décident des personnes qu'elles acceptent et qu'elles fixent des conditions d'utilisation qui leur sont propres. Il n'existe pas aujourd'hui – Dieu merci – de service public des réseaux sociaux. En revanche, si ces entreprises suppriment des contenus et des comptes pour grossièreté, insulte, appel à la sédition, menace, propagation de *fake news*, ce sont des millions d'internautes qui devront quitter ces réseaux sociaux et leur modèle économique sera gravement compromis. Ils n'ont aucun avantage à empêcher ces manifestations de haine. Des personnes cyniques pourraient considérer qu'ils ont intérêt financièrement à les encourager. Le nombre de followers n'est pas un critère : enfreindre les conditions générales d'utilisation (CGU) est la même chose quel que soit le volume d'abonnés ; il est d'ailleurs toujours possible de contester devant les tribunaux l'appréciation partiale voire discriminatoire des réseaux sociaux lorsqu'ils suppriment un compte au regard d'une violation supposée de leurs conditions générales d'utilisation.

Quelle que soit l'opinion que l'on puisse avoir de Donald Trump et de la pathétique fin de son mandat, il faut davantage voir dans cette suppression un coup politique particulièrement cynique. Cynique, car Facebook et Twitter ont gagné énormément d'argent grâce aux saillies numériques de Donald Trump et se sont bien gardés de le modérer pendant son mandat, alors que de nombreuses transgressions de leurs CGU ont été commises ; cynique, car il s'agit d'un coup de pied de l'âne envers un ancien président qui s'en va et qui avait essayé en vain de limiter le pouvoir des réseaux sociaux ; cynique, car pendant ce temps, à titre de simple exemple, le compte de M. Erdogan continue sa propagande, ses menaces et ses insultes et que M. Mohamad, ancien Premier ministre de Malaisie, appelait sur Twitter au meurtre de millions de Français coupables d'irrespect envers l'islam[1] ; cynique, parce que cette décision est empreinte d'un politiquement correct et d'une bien-pensance dégoulinante de bons sentiments, visant au passage à plaire au camp démocrate qui, de Clinton à Obama, a toujours favorisé les GAFA.

1. Le tweet – et non le compte ! – a été supprimé entre-temps par la plateforme. Elle l'avait cependant maintenu pendant un certain temps, invoquant un « intérêt pour le public », tout en l'accompagnant d'un avertissement. On croit rêver…

### Liberté et responsabilité des réseaux sociaux

Pour autant, il faut agir et placer les réseaux sociaux devant leur responsabilité. D'abord, il pourrait être mis fin à ce mirage qu'est l'irresponsabilité des plateformes et des réseaux sociaux, au regard des messages qu'ils diffusent ou transportent. Le principe de neutralité du Net a vécu. Il existe en droit français le statut du directeur de publication, c'est-à-dire la personne qui publie le message, par voie de presse, d'audiovisuel ou de communication numérique. Celui-ci porte la responsabilité pénale de la publication, notamment en cas de diffamation. Or, la loi sur la confiance dans l'économie numérique précise bien que « tout service de communication au public par voie électronique est tenu d'avoir un directeur de publication ». Il conviendrait d'intégrer à cette obligation les réseaux sociaux. Or, ces derniers bénéficient d'une forme de flou. En effet, ils sont considérés comme un hébergeur, c'est-à-dire un fournisseur de moyens techniques dont la responsabilité ne peut être engagée qu'à partir du moment où il a connaissance du caractère illicite du contenu. Les réseaux sociaux refusent d'être considérés comme des éditeurs, arguant que c'est l'internaute postant le message qui a ce statut et porte donc la responsabilité pénale de ses contenus. S'il était considéré que les réseaux sociaux étaient des coéditeurs des messages qu'ils véhiculent, alors ils devraient avoir un directeur de publication portant une responsabilité pénale sur les contenus. Assimiler les réseaux sociaux à des organes de presse ou d'information serait d'ailleurs assez juste, compte tenu de l'usage qui en est fait actuellement.

De toute façon, il n'existe pas d'autres solutions viables que d'imposer aux réseaux sociaux de retirer tout ce qui relève de la calomnie, de l'insulte ou de la menace. Cela impliquera des moyens technologiques et humains de leur part. Il conviendra d'engager un nombre certainement très important de modérateurs, à l'instar de ce que font déjà tous les sites d'information. Cette tâche sera sans nul doute très complexe pour faire une balance permanente entre le retrait des messages pénalement répréhensibles et le respect de la liberté d'expression.

Pour éviter d'entrer dans un système qui ne serait pas souhaitable, où l'on censure *a priori* sur Internet avant de pouvoir démontrer que le contenu est licite, il faut convaincre les réseaux sociaux qu'il est de leur intérêt de faire en sorte qu'Internet ne soit pas un espace où tout est permis ou, à l'inverse, un lieu aseptisé par le politiquement correct.

Quelle société allons-nous laisser à nos enfants si l'on admet qu'il est parfaitement possible de gagner beaucoup d'argent à véhiculer des messages de haine et de violence tout en se donnant la bonne conscience de croire que c'est seulement à la justice d'intervenir ?

L'impuissance et la résignation – d'autres diraient la lâcheté ordinaire – n'ont cependant jamais été des solutions. Nous allons à marche forcée vers un drame de civilisation si Internet n'est pas davantage régulé car, par facilité et par manque de courage, nous sommes en train de favoriser l'instauration d'un système où la loi du plus fort et du plus violent l'emporte systématiquement.

Enjeu civilisationnel, le mot n'est pas trop fort tant Internet irrigue nos vies, nos libertés et notre intimité. Comme nous l'avons dit, il serait stupide, absurde et contre-productif de vouloir un retour en arrière au regard de ce qui constitue quand même un progrès. Néanmoins, il importe de répondre à un certain nombre de questions qui sont autant d'enjeux fondamentaux : quelle réponse face au piratage qui est le cancer de la création ? Comment mettre les plateformes de vidéos au service des créateurs et non l'inverse ? Comment mieux partager la valeur sur Internet et comment imposer aux plateformes de respecter les droits d'auteur ?

**La lutte sans fin contre le piratage**

« Mal nommer les choses, c'est ajouter au malheur du monde », disait Camus. Alors il faut prendre un chat pour un chat et le piratage pour du vol. Il est évident que cette assertion nous fait immédiatement entrer dans la catégorie des ringards réactionnaires (ou l'inverse), mais peu importe.

Comment en effet qualifier autrement cet acte qui consiste à récupérer frauduleusement une œuvre de l'esprit ? Autant il ne viendrait pas à l'idée de la plupart d'entre nous de voler un livre dans une librairie, de dérober un CD ou un DVD dans un supermarché, autant devant son ordinateur, bien à l'abri à son domicile, il est presque moderne de s'adonner au piratage, c'est-à-dire au chapardage ou à la grivèlerie. Il est vrai que le sentiment d'impunité est quasiment total. Le seul risque que prend le « voleur de poules numérique » est d'introduire des virus dans son ordinateur ou de télécharger involontairement à la place d'un Walt Disney un film nettement plus suggestif et qui s'apparente assez peu à un conte pour enfants.

Quelques mots s'imposent sur la notion de droit d'auteur, une invention française qui date de la Révolution et qui doit beaucoup à Beaumarchais. Rappelons d'abord que le droit d'auteur marque la fin de la servitude des artistes qui, avant cette période, dépendaient de riches mécènes, seuls capables de financer leurs œuvres. Désormais, les créateurs sont rémunérés en fonction du succès ou non d'une œuvre dont ils sont, en tant qu'auteur, les propriétaires avec à la fois un droit moral – le créateur est seul à décider de l'utilisation de son œuvre – et un droit patrimonial – il est rémunéré proportionnellement au succès de l'acte de création.

Rappelons également que le droit d'auteur est la seule rémunération dont bénéficient les créateurs. Le temps des producteurs à gros cigares et des artistes multimillionnaires est passé. Certains existent encore, mais ils sont l'arbre qui cache une forêt : de très nombreux créateurs et auteurs vivent avec des rémunérations à peine supérieures au smic et le métier de producteur est un risque permanent.

Le piratage est un véritable fléau. Il spolie les créateurs. Selon une étude d'EY de 2018, il prive le secteur des industries culturelles français de 1,2 milliard d'euros par an et fait disparaître 2 000 emplois chaque année. Pour les seules recettes de l'État via les taxes, il coûte pas loin de 400 millions d'euros par an. Le piratage a mis à genoux toute l'industrie musicale au milieu des années 2000. Cette dernière a tardé à appréhender le nouveau modèle économique du numérique, la conduisant au bord de la disparition et la condamnant à des plans sociaux sans précédent. Cette situation n'est pas que le fruit d'un processus de « destruction créatrice » propre à l'avènement d'une technologie qui bouleverse l'économie d'un secteur, mais bien aussi le résultat d'un pillage des œuvres. Les revenus du secteur musical étaient de 1,432 milliard d'euros en 2002. Ils sont passés à 625 millions d'euros en 2019[1]. De son côté, le secteur de la vidéo physique continue de plonger et enregistre des baisses de chiffre d'affaires chaque année plus importantes. Le piratage fragilise tous les accords d'exclusivité passés par les chaînes de télévision et les plateformes de vidéo, et menace leurs modèles économiques. Même si le sport n'est pas notre sujet, à quoi bon payer des centaines de millions d'euros le droit de diffuser des événements sportifs si ces derniers peuvent être piratés et vus en toute impunité ? Le très libertaire, cool et sympa Netflix s'est fendu d'une vidéo hilarante et remarquablement bien faite, qui met en scène les acteurs de la série *Narcos* promettant tout simplement une balle aux pirates et à leur famille, en les traitant de noms gracieux en espagnol !

Évoquer la lutte contre le piratage avec des responsables gouvernementaux conduit en général ces derniers vers le collapse ou une fuite éperdue. Il est vrai que les tentatives pour éradiquer le phénomène se sont traduites par des désastres politiques. Le premier à essuyer les foudres fut le gouvernement de Dominique de Villepin avec sa loi dite « droits d'auteur et droits voisins sur Internet ». L'idée était d'assimiler le piratage à la contrefaçon avec les peines pénales et les amendes y afférents. La majorité d'alors se rebella avec pour icône Christine Boutin qui refusa de voter la loi au nom d'un

1. Toutefois, si le pourcentage de revenus tirés du numérique était proche de 0 % en 2002, il est désormais de l'ordre de 63 %, ce qui montre la grande capacité d'adaptation du secteur après une division par 2,5 de son chiffre d'affaires en près de quinze ans.

principe qui, depuis, a servi d'antienne : « Mon fils n'est pas un délinquant. » En d'autres termes, quand des milliers de jeunes ont une pratique difficile à qualifier réellement, il est inenvisageable de la considérer comme délictuelle. La loi finit par être votée dans la douleur mais ne connut guère d'applications. L'arsenal juridique anti-contrefaçon était sans doute trop violent au regard de l'infraction et ne pouvait concerner que les pirates les plus aguerris.

Nicolas Sarkozy, nouveau président de la République, totalement convaincu de la nécessité de mener le combat contre le piratage, décida de changer de fusil d'épaule et demanda à la nouvelle ministre de la Culture, Christine Albanel, de mettre en œuvre un dispositif reposant davantage sur la prévention et la pédagogie.

Est alors née la Haute autorité pour la diffusion des œuvres et la protection des droits sur Internet (la célèbre Hadopi). Le principe initial était simple : le titulaire d'un abonnement utilisé pour pirater reçoit plusieurs avertissements et une lettre recommandée lui intimant de cesser ces pratiques. Si les faits se poursuivent, son abonnement à Internet pourra être suspendu temporairement. L'examen de la loi à l'Assemblée nationale, alors qu'elle avait été adoptée à l'unanimité moins l'abstention du groupe communiste au Sénat, donna lieu à un épisode assez peu glorieux de guérilla parlementaire avec de nombreux rebondissements. Il déboucha aussi sur une censure partielle du Conseil constitutionnel qui refusa qu'une autorité administrative puisse infliger une amende ou prononcer une suspension temporaire d'abonnement, oubliant au passage que le CSA, la CNIL, l'Autorité de la concurrence ont des pouvoirs de sanction autrement plus élevés et parfaitement constitutionnels. Il aurait été beaucoup plus simple et constitutionnellement incontestable que ce soit la justice qui inflige ces mesures, mais les services de la chancellerie avaient fait des pieds et des mains pour éviter ces contentieux de masse sans grand intérêt qui risquaient de bloquer le fonctionnement des tribunaux. La haine que vouait le président du Conseil constitutionnel au président de la République, très impliqué dans cette lutte, et le combat très personnel sur le sujet du secrétaire général de cette juridiction suprême firent le reste.

Pour respecter la décision du Conseil constitutionnel, une véritable usine à gaz a dû être mise en place avec une commission des droits au sein de l'Hadopi, seule apte à proposer des sanctions et indépendante du reste de la haute autorité. Cette malheureuse structure perdit de toute façon très vite le pouvoir de suspension de l'abonnement : telle fut la décision d'Aurélie Filippetti, nouvelle ministre de la Culture sous François Hollande, qui s'était signalée par son opposition frontale à la lutte contre le piratage.

Le reproche principal que l'on peut faire à la loi Hadopi est la complexité du dispositif qui a été mis en œuvre et toutes les précautions procédurales qu'il a fallu prendre pour le rendre constitutionnel. En outre, la suspension temporaire de l'abonnement qui se voulait une mesure pédagogique après de multiples avertissements est très mal passée dans l'opinion publique. Ainsi que le faisait remarquer un député : « On a mis trois ans à obtenir Internet dans mon département et maintenant on veut le couper ? »

Avec la fin de la suspension de l'abonnement, se pose la question de la sanction qui est indispensable pour prévenir les infractions. Tournons-nous vers l'étranger. L'Allemagne a mis en place un système particulièrement efficace d'amende transactionnelle qui est la seule méthode à avoir fait ses preuves à ce jour. Des batteries d'avocats mandatés par des sociétés de droit d'auteur proposent aux pirates de mettre fin aux poursuites en échange du paiement d'une transaction d'un montant souvent élevé (plusieurs centaines d'euros). L'Allemagne n'est-elle ni une démocratie ni un État de droit ? Ne dispose-t-elle pas d'une Cour constitutionnelle ?

La réponse doit être simple et rustique. Il faut instaurer une amende pour les pirates en s'inspirant d'un modèle d'une remarquable efficacité et simplicité : la détection des excès de vitesse sur la route par des radars. Chaque personne qui aurait été repérée en train de pirater une œuvre ne recevrait pas une amende mais une proposition de mettre fin aux poursuites judiciaires par l'acquittement d'une somme forfaitaire. Sans entrer dans la technique, le repérage du téléchargement illégal repose sur une technologie éprouvée. Elle est plus complexe pour le *streaming*, même si tous les services secrets du monde entier disposent des moyens de repérer ce qui est en train d'être vu sur un écran. Ce n'est ni le *streaming* ni le téléchargement illégal qui sont fautifs : l'infraction est constituée pour non-surveillance de l'abonnement à Internet et absence de mesure visant à prévenir le piratage.

La solution de l'amende est la seule viable. Elle permet de réduire notablement le piratage, ce que l'exemple allemand a montré. Elle a toutefois tendance à faire fuir tout responsable politique effrayé par le caractère peu populaire de la mesure. Est-ce une raison pour ne rien faire et laisser le renard libre dans un poulailler libre ? Elle tenta un temps Manuel Valls, dont l'engagement en faveur du monde culturel n'est plus à démontrer. Il dut reculer pour des raisons politiques et la crainte d'une absence de majorité à l'Assemblée nationale sur le sujet. Depuis, la question est régulièrement posée, sans aucun succès.

Il y a néanmoins un espoir. En 2009, 31 % des internautes pirataient. Ils n'étaient plus que 25 % en 2018 – ce qui demeure toutefois énorme[1]. Le succès des plateformes de musique ou de vidéo à prix réduit (moins de 10 euros par mois) explique probablement cette tendance. Pour autant, cela ne sera pas suffisant pour éradiquer le phénomène car la gratuité sera toujours moins chère que le peu coûteux...

Pour être complet sur le sujet, il convient d'évoquer un nouveau dispositif envisagé par le Parlement avec *a priori* le soutien du gouvernement. Au lieu de rechercher l'internaute fautif, il vise à pénaliser les plateformes de piratage. À la demande des ayants droit, le juge pourrait rendre une ordonnance unique autorisant les fournisseurs d'accès à Internet et les moteurs de recherche à couper et déréférencer les sites pirates et surtout les sites miroirs qui apparaissent dès que la première plateforme est supprimée. L'ordonnance resterait valable pendant douze mois.

Les fournisseurs d'accès à Internet et les moteurs de recherche ne sont pas blanc-bleu et font bien les délicats en exigeant d'avoir une décision judiciaire pour interdire ou déréférencer des sites manifestement illicites. Il est amusant de les entendre gémir sur la crainte d'être attaqué par un site supposé pirate qu'ils auraient supprimé ou déréférencé alors que son activité était parfaitement licite[2]. On n'a jamais vu Megaupload,

1. Ils avaient atteint 13,6 millions en mars 2020 pendant le premier confinement, soit + 15 % par rapport à la précédente étude.

2. Il n'est pas si vieux le temps où Google, lorsque l'on tapait le nom d'un artiste suivi de la lettre « t », proposait immédiatement « *torrent* » (« pirater ») et non « télévision » ou « tournée ».

quand il existait encore, traduire Google ou Orange en justice ! Il n'est pas besoin d'être ingénieur pour reconnaître un site manifestement illégal.

Ce projet est intéressant et mérite d'être soutenu. Il convient d'avoir toujours une approche très modeste en la matière car les faits ont démontré que la lutte contre le piratage, cancer de la création, n'était pas un long fleuve tranquille.

Pour autant, il faut un véhicule législatif dans un agenda parlementaire très chargé. Cela constituera un test pour mesurer la réelle motivation des pouvoirs publics à lutter contre ce fléau. Il sera de toute façon nécessaire de prendre des mesures impopulaires.

**Pour l'équité dans l'univers des plateformes, au service de la création**

Une information intéressante a été transmise par la presse au moment où ces lignes furent écrites. Netflix, qui compte environ 6,7 millions d'abonnés en France, paye un peu plus de 550 000 euros d'impôts sur les sociétés. Cela paraît bien peu pour une entreprise dont on peut estimer que le chiffre d'affaires français correspond peu ou prou à 800 millions d'euros. Si on considère que la marge avant impôt de Netflix est de l'ordre de 10 %, sa base imposable devrait être proche de 80 millions d'euros, soit un impôt sur les sociétés d'environ 22 millions d'euros. Loin de nous l'idée de considérer qu'il s'agit d'une fraude. Au contraire, Netflix utilise à merveille les trous béants laissés dans la raquette de la fiscalité européenne. Un Français abonné à Netflix paye en définitive à une société installée aux Pays-Bas qui, à la suite d'un accord avec l'État néerlandais, permet à Netflix de rapatrier une partie importante de ses bénéfices au Delaware, paradis fiscal bien connu. Il est amusant de constater qu'un État dit « frugal » se rend complice d'une forme d'évasion fiscale au profit des États-Unis.

Mais tel n'est pas notre sujet. L'idée est davantage de décrire dans un premier temps l'écosystème mis en place en France autour du cinéma et de l'audiovisuel, et de réfléchir à la façon dont les grandes plateformes pourraient s'y adapter. En effet, nous partons d'une idée qui apparaît à certains insupportable : ce sont aux sociétés étrangères qui s'implantent sur notre territoire de s'adapter à nos systèmes et à nos organisations, et non l'inverse.

Le premier point à rappeler avec force est que le cinéma français est encore bien vivant, avec près de 300 films par an, alors que toutes les cinématographies européennes se sont effondrées, à commencer par le cinéma italien qui a pourtant connu tant de génies dans son histoire. La raison en est assez simple : la France a conservé en matière de cinéma une politique publique habile qui a réussi.

Cette dernière date de 1946. À cette époque, le cinéma français est au plus mal à la suite de la guerre et les écrans sont envahis par des productions américaines. Quelqu'un a alors une idée de génie : créer un prélèvement sur les billets d'entrée dans les salles de cinéma qui ira alimenter une caisse utilisée pour soutenir le cinéma français. En d'autres termes, en allant voir des films essentiellement américains, les spectateurs vont aider le 7$^{e}$ art hexagonal. C'est ainsi qu'une taxe spéciale additionnelle (TSA) fut créée en 1948. Elle porte encore aujourd'hui sur environ 10 % du prix du billet d'entrée. Ce système est performant. Il permet au producteur français Daniel Toscan du Plantier d'avoir une repartie célèbre face à Jack Valenti, tout-puissant patron de la Motion Picture Association[1], qui s'étonnait du luxe des entreprises de production et des salles de cinéma françaises. À sa question : « Mais qui paye pour cela ? », Toscan répliqua avec un superbe : « Mais c'est vous ! »

Cette contribution est versée au CNC qui est chargé de soutenir de façon automatique et sélective les films français. Les aides automatiques sont des soutiens versés aux producteurs qui sont générés par un film précédent et devant être réinvestis dans le suivant. Il s'agit d'une subvention de réinvestissement et elle ne peut être utilisée qu'à cette fin. Il existe aussi des aides dites sélectives fondées sur la qualité d'un projet à l'instar de la célèbre « avance sur recettes » et qui sont proposées par une commission composée de professionnels afin de ne pas laisser l'impression détestable de films choisis par des agents de l'État.

Le principe même de l'existence du CNC ainsi que son mode de prélèvement et de redistribution sont régulièrement remis en cause, avec des critiques et arguments tout à fait légitimes quand ils demeurent dans le champ du débat : il peut être vu comme une instance qui favorise le « relationnel » et alimente artificiellement une pléthore de productions françaises de qualité inégale. Après tout, les industries culturelles ne doivent-elles pas aussi relever des lois du marché ? Toutes ces considérations, accueillies par certains tenants du système comme de violentes provocations forcément « ultralibérales », ont du sens. Mais la

1. Le syndicat américain qui regroupe toute la profession du cinéma.

réalité, qui est plus forte que les principes théoriques ou les présupposés idéologiques, démontre que, grâce au CNC et aux politiques publiques de soutien, le cinéma français a continué d'exister et même de prospérer, aussi bien en termes d'offre que de demande. Il s'est affirmé comme une filière puissante à l'international, contrairement aux autres cinémas européens qui ont connu la prospérité puis décliné, voire disparu. Il s'agit donc pour l'État d'une approche stratégique qui combine enjeux économiques et d'influence dans la mondialisation.

Historiquement, le système mis en place par le CNC a connu un immense succès et a réussi à accompagner le cinéma français dans ses multiples âges d'or depuis la fin de la Seconde Guerre mondiale. Il a été depuis amélioré et s'est étendu également à la production audiovisuelle, c'est-à-dire les fictions, séries, documentaires et films d'animation. Pour ce faire, les chaînes de télévision ont été mises à contribution en versant au CNC une participation de l'ordre de 5,5 % de leur chiffre d'affaires. Avec les évolutions techniques et technologiques, les fournisseurs d'accès à Internet, en tant que diffuseurs d'images, ont également été conduits à consacrer une part minime de leur chiffre d'affaires à ce système, ainsi que les éditeurs de vidéo physique et les plateformes vidéo françaises qui versent une contribution au CNC à hauteur de 2 % de leur chiffre d'affaires.

L'idée de base est simple : tous les diffuseurs français qui vivent de la transmission de films, fictions, documentaires, financent indirectement ces contenus via les taxes sus-évoquées. Il s'agit, en d'autres termes, d'une forme d'épargne forcée. Les sommes versées au CNC qui sont investies dans les œuvres sont intégrées dans le budget de production et ne sont donc plus demandées aux diffuseurs.

Toutefois, ce système a été poussé encore plus loin. En effet, outre cette contribution au CNC, les diffuseurs, à savoir les chaînes de télévision, doivent assumer des obligations de production et consacrent donc un pourcentage minimum de leurs revenus à de l'investissement dans des œuvres cinématographiques ou audiovisuelles françaises. À titre d'exemple, Canal+ doit dédier 12,5 % de son chiffre d'affaires en France dans des œuvres cinématographiques nationales qu'il diffusera ensuite sur ses antennes en avant-première ; France Télévisions doit consacrer un peu plus de 9 % de son chiffre d'affaires à des œuvres audiovisuelles hexagonales. Les chaînes de télévision remettent en cause régulièrement ces obligations, non sans arguments. Pour autant, leur ligne éditoriale et leur succès en audience impliquent la diffusion de films et de fictions. Il n'est pas absurde au demeurant que l'État leur demande d'alimenter la production française, d'autant qu'à la différence des opérateurs de téléphonie mobile, les chaînes de télévision hexagonales utilisent gratuitement les fréquences hertziennes nécessaires à leur diffusion. Cette approche concilie bien dynamique marchande et souveraineté nationale.

Le système a peu ou prou très bien fonctionné jusqu'à l'apparition des plateformes internationales de vidéo par abonnement qui non seulement ne contribuaient pas au CNC sur la base de leur chiffre d'affaires français, mais n'avaient aucune obligation d'investissement dans la production hexagonale. Les plateformes comme Netflix ou Amazon Prime expliquaient doctement qu'étant installées, comme tous les GAFA, dans les paradis fiscaux de l'Union européenne

(Pays-Bas, Irlande, Luxembourg...), elles relevaient des mécanismes fiscaux de ces pays en excipant du principe communautaire de la taxation dans le pays d'origine, c'est-à-dire celui dans lequel l'entreprise est installée. Cette position était inacceptable sur le plan fiscal, moral et éthique puisque ces plateformes avaient soigneusement choisi les États dans lesquels elles avaient pu négocier le meilleur régime fiscal possible.

L'Allemagne fut le premier État membre de l'Union à réagir, suivi rapidement par la France en 2013, en instaurant le principe d'une taxation dans le pays dit de destination, c'est-à-dire celui dans lequel le client de ces plateformes est installé et peut ainsi voir les contenus proposés, ce qui est évidemment plus équitable et pertinent sur le plan fiscal. Mais encore fallait-il obtenir la validation de la Commission européenne, qui, à l'instar des multinationales concernées, ne l'entendait pas de cette oreille. Une procédure de contrôle approfondie de la Commission a même été engagée pour que celle-ci finisse par admettre à contrecœur le principe de l'affectation de ces prélèvements au profit de la création dans l'État membre du contenu « consommé ». Ce principe fut même inscrit dans la directive « Service des médias audiovisuels » (SMA) qui autorise désormais les États membres à taxer les plateformes de vidéo par abonnement sur le chiffre d'affaires qu'elles réalisent dans chaque pays.

Arrêtons-nous quelques instants car cette décision est historique. Elle démontre une fois de plus que lorsque la France et l'Allemagne sont unies, elles font avancer l'Europe et elles arrivent à créer des contre-pouvoirs efficaces face à la force de lobbying de ces entreprises étrangères.

Il fallut quelques combats au sein de l'appareil de l'État en France pour obtenir que ces plateformes soient taxées au même niveau que les chaînes de télévision[1], mais le point est désormais acquis et c'est une excellente nouvelle, non seulement pour les finances du CNC, mais surtout en termes d'équité fiscale. Si l'on extrapole un chiffre d'affaires de 800 millions d'euros en France du seul Netflix, ce sont pas loin de 40 millions d'euros qui vont bénéficier à la création via le CNC. Une difficulté surgira avec les offres composites de type Amazon Prime dont l'abonnement comprend, outre la fourniture d'un service de vidéo à la demande, des facilités de livraison. Naturellement pour Amazon, la part du montant de son abonnement en faveur de la vidéo est minime ! Il importe d'être ferme, et jamais naïf.

Le second combat est à venir. Il porte sur la transposition de la disposition de la directive SMA qui autorise les États membres à imposer des obligations d'investissement aux plateformes de vidéo par abonnement. Au moment où ces lignes sont écrites, après d'incompréhensibles retards, un projet de décret de transposition a été envoyé à la Commission pour validation. On s'étonnera toujours de cette atteinte à la souveraineté d'un État qui doit quémander une autorisation pour mettre en œuvre un texte dans son propre pays. S'il n'est pas possible de présumer les suites, force est de constater que le projet de décret envisagé par les pouvoirs publics est un quasi-sans-faute.

Le premier point du projet porte sur le niveau du pourcentage du chiffre d'affaires en France que les

1. Ce point n'est pas sans susciter un étonnement plus que marqué des auteurs...

plateformes devront investir dans la production française. Si l'on se réfère aux actuels niveaux imposés à leurs homologues françaises[1], cette obligation devrait tourner autour de 25 %. Si l'on prend comme base les possibles 800 millions d'euros de CA de Netflix en 2019, cela représente près de 200 millions d'euros par an pour cette seule entreprise. Prenons quelques points de comparaison. Les chaînes de télévision françaises (payantes et gratuites) ont investi en 2019 plus de 846 millions d'euros dans la production cinématographique et audiovisuelle. Ces investissements se décomposent de la façon suivante : plus de 263 millions dans le cinéma dont 101 millions par Canal+ et 55 millions par France Télévisions[2]. S'agissant de la production audiovisuelle, la répartition pour les chaînes françaises est la suivante : plus de 583 millions sur des programmes de fictions (265 millions pour France Télévisions et 175 millions pour TF1), 168 millions sur le documentaire et 50 millions sur des programmes d'animation[3]. En ce qui concerne les plateformes vidéo étrangères qui ont réussi à conquérir des parts de marché tout à fait conséquentes en France, les 25 % d'investissement de leur chiffre d'affaires dans la production cinématographique et audiovisuelle française ne semblent ni excessifs, ni à l'inverse ridicules. Il ne faut pas oublier que cette obligation s'appliquera aussi

---

1. Même si ces dernières ont des niveaux de chiffre d'affaires qui n'ont rien à voir avec Netflix.

2. Source : étude du CNC, « La production cinématographique en 2019 ». On ne mesurera jamais assez la chance d'avoir une direction des études au sein du CNC qui produisent autant de données, d'études et de statistiques utiles et de grande qualité.

3. Source : étude du CNC, « La production audiovisuelle aidée en 2019 ».

à Amazon Prime, Disney+ et à d'autres projets en cours. En conséquence, les plateformes étrangères permettront largement de compenser la diminution des investissements des chaînes payantes et gratuites en France due à la baisse de leur chiffre d'affaires. En effet, en dix ans, compte tenu de la concurrence qu'a dû affronter la chaîne cryptée, l'investissement de Canal+ dans le cinéma français a été divisé par deux[1] tout en restant de loin le plus élevé du paysage audiovisuel national. Le projet de décret envisage des obligations de production comprises entre 20 et 25 % en fonction de la date plus ou moins rapide de diffusion du film après la sortie en salle, ce qui est appelé dans le jargon la « chronologie des médias ». Ce niveau de pourcentage semble tout à fait convenable.

Le second point porte sur le partage de ces investissements entre le cinéma et l'audiovisuel. Cet aspect est très délicat car source de nombreux conflits potentiels. Aujourd'hui, les plateformes françaises ne sont pas obligées de segmenter leurs investissements entre cinéma et audiovisuel alors que les chaînes de télévision sont, elles, dans l'obligation de consacrer un pourcentage donné pour le cinéma et un autre pour l'audiovisuel.

On mesure très bien les inquiétudes du milieu du 7e art. Si les plateformes sont laissées libres d'investir leurs obligations, il est fort probable que l'audiovisuel sera largement privilégié, et notamment les séries, au détriment du cinéma. En effet, la ligne éditoriale de Netflix et Amazon Prime privilégie très largement les fictions et en premier lieu les séries. Leur approche du cinéma est beaucoup plus inquiétante et peut être

1. 200 millions d'euros en 2010, 101 millions en 2019 (source CNC).

résumée ainsi : beaucoup de films dits « de fond de catalogue », à l'intérêt artistique modeste, et quelques grandes « locomotives » réalisées par de très grands noms qui servent davantage de campagne de relations institutionnelles que relevant d'un choix éditorial. On ne peut pas toutefois leur reprocher d'investir dans des films de très grands réalisateurs comme Cuaron ou Scorsese[1] alors que les grands studios hollywoodiens ne semblent plus intéressés que par des franchises de type Marvel. Ces investissements de Netflix, ainsi que la polémique soigneusement entretenue par cette entreprise avec le Festival de Cannes[2], traduisent non pas une volonté de devenir un acteur majeur du cinéma mondial, mais de tirer profit de la formidable caisse de résonance du 7^e^ art pour faire parler de leur offre numérique et conquérir de nouveaux publics dans le monde entier.

La question du partage des investissements est de surcroît épineuse car elle ne peut être abordée sans créer de distorsions entre les plateformes étrangères et les chaînes de télévision françaises. En d'autres termes, si les premières bénéficient d'un régime qui leur laisse un choix – même encadré – entre cinéma et audiovisuel dans leurs investissements, il sera délicat, voire impossible de l'interdire également aux chaînes alors que ces dernières ont des obligations d'investissement élevé compte tenu de leur profil généraliste. Les plateformes ne présentent que des séries, des films et des

1. Voire Woody Allen pour Amazon, avant les polémiques portant sur le réalisateur.

2. Ne peuvent être en compétition officielle à Cannes que des films qui sortiront en salles de cinéma, ce que Netflix refuse pour le moment en France.

documentaires. En sus de cela, les chaînes généralistes diffusent du sport, de l'actualité, des jeux…

En conséquence, en se fondant sur la répartition actuelle globale des obligations d'investissements de ces dernières, on obtient environ un tiers pour le cinéma[1] et deux tiers pour le domaine fiction-documentaire-animation[2]. Le projet de décret prévoit 20 % minimum des investissements pour le cinéma, sous le contrôle du CSA. En définitive, le cinéma n'est pas très bien traité en la matière.

Le troisième point de cette négociation portera sur un aspect très technique, qui concerne essentiellement le cinéma, et qui a une importance capitale : à quel moment ces sommes seront-elles investies dans le processus de production ? Il existe aujourd'hui deux modalités. Les chaînes ou les plateformes peuvent acheter les droits de diffusion d'un film. Cet apport n'intervient qu'une fois l'œuvre réalisée. L'autre moyen d'investir est le préachat ou la coproduction. Dans cette hypothèse, la méthode est radicalement différente puisque l'investisseur intervient au moment du tour de table du financement de l'œuvre. L'apport ainsi effectué rend possible la réalisation alors qu'un achat de droit *ex post* permet simplement d'augmenter les marges opérationnelles du producteur. Il n'est ni possible ni nécessaire de tout rigidifier. Toutefois, il est indispensable que l'écrasante majorité des investissements dans les œuvres se fasse en préachat pour le cinéma. Si ce n'est pas le cas, beaucoup d'œuvres ne pourront tout simplement pas voir le jour. À ce stade, le projet de décret prévoit que 75 % des obligations en matière de cinéma et d'audiovisuel se

1. 263 millions d'euros.
2. 801 millions d'euros.

fassent en investissement ou en achat de droits avant la fin de la prise de vue. Ce chiffre apparaît raisonnable.

Le quatrième point, enfin, qui permettra de juger si la négociation avec les plateformes a été réussie ou non, concerne essentiellement les œuvres audiovisuelles et porte sur la détention des droits. Les droits afférents auxdites œuvres dans lesquelles les chaînes de télévision ont investi demeurent la propriété des producteurs[1] à qui en revient l'exploitation sur la durée. Ce point fait grincer les dents des chaînes de télévision qui s'estiment « expropriées » des œuvres qu'elles ont largement financées, et leur argument n'est pas sans fondement. Mais le système a eu le mérite de faire en sorte que la France conserve un tissu de producteurs indépendants, dynamiques, imaginatifs et moins formatés, assurant, par là même, la survie de la production audiovisuelle originale française. Et quoi qu'il en soit, ce que les différents gouvernements n'ont jamais cédé aux chaînes de télévision ne doit en aucun cas être laissé aux plateformes numériques de vidéos. En l'état actuel, il faut poser un principe simple, basique, peut-être injuste mais efficace : les droits sur les œuvres audiovisuelles dans lesquelles les plateformes auront investi doivent demeurer entre les mains des producteurs indépendants français. Selon le projet de texte, 75 % des investissements doivent se faire dans des œuvres produites par des producteurs indépendants avec des droits inférieurs à 1 an. Le chiffre passe à 66 % pour l'audiovisuel pour une durée qui doit être inférieure à 36 mois. Ces données constituent des protections efficaces de

1. Ils seront appelés dans ce cas « producteurs indépendants » (des chaînes), à la différence des producteurs dépendants qui sont des filiales des chaînes.

la production indépendante qui a fait la richesse du secteur et de notre pays.

Il n'est pas possible de faire l'économie de ces quatre points fondamentaux de la discussion au risque de gravement et durablement désorganiser tout le système de production français des œuvres cinématographiques et audiovisuelles, qui nous a permis de garder ce secteur bien vivant. N'oublions pas le *soft power* qu'induisent les créations. Ce sont aussi des auteurs, des approches, des valeurs, une sensibilité française qui peuvent s'exprimer encore grâce à ce système.

Si la Commission européenne valide ce texte, l'État devra mener une réforme profonde d'un dispositif devenu d'une complexité diabolique : la chronologie des médias. Derrière ce nom barbare se cache le calendrier de l'exploitation d'un film selon les supports et modes de diffusion. Nous allons essayer de simplifier un peu : lorsqu'un film sort en salle, il peut être uniquement vu dans ce lieu pendant 4 mois. Ensuite, il ne peut être exploité qu'en vidéo à la demande à l'acte, puis par les chaînes payantes, puis par les chaînes gratuites, puis par les plateformes de vidéo payantes (de type Netflix) puis par les plateformes de vidéo gratuites (de type YouTube). Un film financé par Netflix qui sort en salle ne peut être vu sur la plateforme qu'après un délai d'au minimum 36 mois. Ce n'est pas acceptable car l'entreprise a dépensé beaucoup d'argent dans la production et il n'est pas logique que ses abonnés doivent attendre trois ans pour voir cette œuvre. De ce fait, Netflix a donc décidé de ne pas sortir ses films en salle, ce qui permet de les exploiter immédiatement sur la plateforme : *Roma* de Cuaron en 2018 en a été un exemple fort. Il n'est donc plus possible, après la négociation sur les obligations d'investissement, d'échapper à une réforme systémique de la chronologie des médias. Cette dernière doit reposer sur plusieurs principes simples : d'une part, la fenêtre de 4 mois des salles est excessive d'autant plus que les films qui ne rencontrent pas leur public, comme le dit le très bel euphémisme, sont retirés des écrans au bout de quinze jours. Une fenêtre de 2 mois serait largement suffisante, quitte à l'augmenter si le film connaît un grand succès (on peut même imaginer une période obligatoire beaucoup plus courte puis une modulation de la durée selon le nombre d'entrées). Ensuite, il faudrait avoir deux fenêtres courtes, de l'ordre de 9 mois chacune maximum : la première pour les opérateurs payants – chaînes ou plateformes –, la seconde pour les opérateurs gratuits – chaînes ou plateformes. L'idée est naturellement d'avantager ceux qui ont le plus investi dans le film. Il conviendra toutefois de prévoir des aménagements. Il ne serait pas équitable que des plateformes qui investissent beaucoup dans un film mais peu en valeur absolue dans le cinéma français soient traitées de la même façon que les chaînes françaises qui dépensent un montant annuel global plus élevé. Ces derniers devraient donc pouvoir démarrer leur diffusion en amont et en priorité.

Cette négociation est absolument capitale pour l'avenir du cinéma français et la production audiovisuelle des prochaines années. Il est surtout indispensable que l'État conserve un bras ferme et ne cède pas devant la puissance de lobbying très importante que les plateformes vont immanquablement déployer. Ces géants du numérique, dirigés par des personnalités brillantes, quoique parfois peu subtiles, qui sont parfois surprises par le fonctionnement un peu étrange de notre pays, ne connaissent qu'un seul mode de relation : le rapport de force. Il est donc important de ne pas céder sur l'essentiel. Nous n'exagérons pas la puissance du lobbying de ces multinationales. Elles l'ont une fois de plus démontrée dans le processus de discussion de la directive sur le droit d'auteur.

## Faire respecter le droit d'auteur par les GAFA

Une petite précision sémantique s'impose. Le droit d'auteur, qui se traduit en anglais par *author's right*, est une invention française consacrée par la loi Le Chapelier de 1791 sur les spectacles. L'écrivain est propriétaire de son ouvrage par l'intermédiaire d'un droit moral et d'un droit patrimonial. Le système anglo-saxon est différent : c'est celui du *copyright*. Il date de 1709. Il est très différent du droit d'auteur car il protège les droits de l'éditeur ou du producteur, et non de l'auteur. Le droit moral a quasiment disparu. Chose curieuse, alors que le droit d'auteur est utilisé par vingt-quatre pays de l'Union européenne, largement devant ceux qui relèvent du système du *copyright* – essentiellement la Grande-Bretagne (ex-UE…) et l'Irlande –, les services de la Commission préfèrent toujours que leurs unités s'occupant de ces sujets s'appellent *copyright unit* et la directive sur le droit d'auteur porte aussi le titre de *copyright directive*. Curieuse inféodation de l'Europe, une fois de plus, aux valeurs anglo-saxonnes. Espérons que le Brexit permettra de libérer les esprits.

Dans son discours d'investiture de 2014, le nouveau président de la Commission européenne se fixa pour priorité de « briser les barrières nationales en matière de droits d'auteur ». Selon M. Juncker, les droits d'auteur constituent rien moins qu'un frein à la croissance. Les nombreux représentants du monde culturel qui rencontrèrent à cette époque Andrus Ansip, vice-président estonien de la Commission européenne chargé du numérique, furent frappés de son obsession de mettre à mal un système qui avait fait ses preuves et apportait une juste rémunération aux créateurs. La seule explication qu'il donnait à ce combat quasi personnel était que son épouse n'arrivait pas à suivre ses feuilletons estoniens préférés à Bruxelles[1].

On peut comprendre l'importance de la tranquillité matrimoniale quand on arrive à de pareilles fonctions, mais cette position traduisait davantage une forme d'idéologie attisée par un lobbying intensif des GAFA via leurs idiots utiles : Parti pirate et partisans libertaires d'un pseudo-Internet libre.

Telle n'a jamais été la position de la France qui, de tout temps, a entendu préserver le système du droit d'auteur. Le président Macron, dans son discours de la Sorbonne sur l'Europe en 2017, s'est inscrit clairement et remarquablement dans les pas de tous ses prédécesseurs en la matière[2] et a posé des principes très

---

1. Ce n'était d'ailleurs pas une question de droits d'auteur, mais de portabilité d'un abonnement, sujet qui a été aisément résolu depuis, mais on ne pouvait reprocher au vice-président, lors de sa prise de fonction, de mal maîtriser des dossiers aussi complexes.

2. « C'est pourquoi dans cette Europe du numérique, nous devons aussi défendre nos droits d'auteur, nous devons défendre partout où elle existe la valeur créée par celui qui crée vraiment. Ce n'est pas un débat d'un autre âge, ce n'est pas un débat, pardon de cette familiarité, ringard, le droit d'auteur... Le numérique serait donc le seul continent où la valeur créée n'est pas chez celui qui la crée mais celui qui la transporte, chez celui qui l'achemine jusqu'à son consommateur final ? Les droits d'auteur doivent donc être défendus dans cet espace numérique contemporain. Et c'est la dignité de l'Europe, c'est sa capacité même à exister et à ne pas se dissoudre dans un continent de semblables qui fait que, pour réussir cette transition, nous devons défendre la juste rémunération des auteurs et de toutes les formes de création dans le numérique. »

fermes, tout en évoquant une idée encore mal connue que nous évoquerons plus tard : il n'est pas logique que le transporteur d'un contenu soit largement mieux payé que celui qui l'a créé. C'est le débat très important sur le partage de la valeur sur Internet.

Pour autant, malgré cette position très claire de la France, soutenue une fois de plus par l'Allemagne, les obstacles n'ont pas manqué au niveau européen : après les déclarations plus qu'inquiétantes de la Commission, le Parlement européen n'avait rien trouvé de mieux que de confier à Mme Julia Reda, seule députée du Parti pirate, la mission d'établir un bilan sur le fonctionnement de la directive de 2001 sur le droit d'auteur. Autant demander au propriétaire de plusieurs boucheries de faire un rapport sur la promotion du véganisme ou inversement à un militant vegan de donner un avis sur l'avenir de la filière viande...

Toutefois, malgré ces inquiétudes, le nouveau texte de la Commission sur le droit d'auteur était en définitive équilibré. Il instaurait notamment un article 11 créant des droits voisins aux droits d'auteur sur les articles de presse, inspirés de la loi allemande et imposant que les articles de presse qui sont repris par les moteurs de recherche de type Google fassent l'objet d'une forme de rémunération en faveur des auteurs et des organes les publiant. Google s'était livré préalablement à un chantage particulièrement brutal vis-à-vis de la presse espagnole, l'obligeant à céder gratuitement la reprise de ses articles[1]. Alors que le géant de Mountain View a un quasi-monopole, qu'il réalise des marges tout à

1. Facebook vient de récidiver avec la presse australienne suite à une loi nationale imposant aux géants du numérique de verser des droits aux médias en échange de la reprise de leurs articles.

fait conséquentes, qu'il a été laissé libre – de façon scandaleuse au vu des vigilances exercées par ailleurs par les autorités américaines ou européennes en charge de la concurrence – de procéder à des rachats d'entreprises augmentant toujours sa position dominante, il entend encore, par un procédé parfaitement déloyal, accroître davantage ses marges. Lorsque l'Allemagne a voulu introduire un dispositif obligeant Google à rémunérer les articles de presse repris en ligne, les éditeurs allemands se gardèrent bien de l'adopter, car Mountain View avait brandi la menace d'un déréférencement de tous les titres allemands qui appliqueraient cette mesure. La France n'a pas joué le beau rôle en la matière en négociant piteusement avec le géant de la Silicon Valley en 2013 un fonds de 60 millions d'euros destiné à « aider la presse à assurer sa conversion au numérique ». Une obole pour des gueux[1]. Néanmoins, la Commission européenne a joué le jeu en instaurant dans l'article 11 précité le dispositif de la loi allemande de 2013 que la France aurait été bien inspirée de soutenir.

L'article 13 de la directive était tout aussi attendu. Les structures qui « stockent et proposent au public des œuvres ou autres objets protégés par le droit d'auteur » devraient souscrire des contrats de licence avec les titulaires de droits et, pour les plateformes

1. On citera avec bonheur la tribune du grand reporter Sammy Ketz, chef du bureau de l'AFP à Bagdad : « Les médias qui produisent les contenus et qui envoient leurs journalistes risquer leur vie pour assumer une information fiable, pluraliste et complète ne sont pas ceux qui en tirent les bénéfices. Ce sont les plateformes qui se servent sans payer. C'est comme si vous travailliez, mais qu'une tierce personne récoltait sans vergogne et à l'œil le fruit de votre travail. Si du point de vue moral, c'est injustifiable, du point de vue de la démocratie, ça l'est encore plus. »

gratuites, mettre en place des outils permettant de reconnaître les contenus protégés et verser ainsi une rémunération aux ayants droit. Quoi de plus normal ? Le principe voulant que des plateformes comme YouTube se considèrent comme non responsables des contenus qu'elles postent est insupportable et ne pourra de toute façon rester en l'état, sauf si, bien sûr, YouTube renonce à ses gains gigantesques générés par la publicité sur ces vidéos et décide d'en faire don à la Croix-Rouge.

À la surprise générale, le 5 juillet 2018, le mandat de négociation confié à la Commission est rejeté par le Parlement européen et tout est à reprendre pour septembre. La stupeur est totale. Le monde de la création est *knocked out*. Le succès est immense pour le lobby des réseaux sociaux et des plateformes. Google admettra plus tard avoir dépensé plus de 30 millions de dollars en actions de lobbying. Des grandes manœuvres avaient été engagées pour abattre ce texte : les GAFA avaient financé des mouvements baptisés #SAVEOURINTERNET comme si ce dernier était en danger. YouTube a lancé des campagnes mensongères indiquant aux youtubeurs que leurs rémunérations allaient baisser si le texte était voté. Des parlementaires européens ont vu leurs boîtes mails saturées par des envois en nombre, ont reçu des menaces physiques, des appels anonymes. Les notices Wikipédia de plusieurs députés ont été modifiées en relevant qu'ils auraient contribué à tuer Internet en Europe. Beaucoup ont alors choisi la prudence sur un texte aussi technique dont la plupart d'entre eux ne comprennent pas vraiment les enjeux. De mémoire, au parlement de Strasbourg, aucun texte n'avait fait l'objet d'un pareil déchaînement. Le lobby des GAFA avait de surcroît focalisé ses forces sur certains pays : aucun parlementaire de Pologne, des Pays-Bas ou de Suède n'a voté ce texte ; 88 % des eurodéputés français de droite comme de gauche l'ont adopté, seuls les écologistes s'y sont opposés car ils sont historiquement et politiquement en défaveur de la protection du droit d'auteur[1].

Mais la roche tarpéienne est proche du Capitole. Les GAFA ont, une fois de plus, manqué totalement de subtilité dans leur volonté de faire la peau à la directive. Les parlementaires et les fonctionnaires européens, passé la surprise, sont particulièrement outrés de la violence des procédés utilisés par les géants du Net, manifestation de leur absence totale de scrupules et qui témoigne de ce que les entreprises de la World Company sont capables de faire. L'Europe a pris conscience que sans réaction solidaire et forte, la nécessaire régulation de ce secteur ne sera jamais possible. D'une certaine manière, la victoire éclatante des GAFA ce 5 juillet annonce leur prochaine défaite. Pearl Harbor a été aussi une grande victoire avant qu'elle ne creuse la tombe du Japon.

Il y eut, certes, une grande mobilisation de tous les partisans du droit d'auteur et elle fut admirable. Mais il y eut aussi ce sentiment diffus que, si aucune réaction ne survenait, même les institutions communautaires supranationales regroupant un marché encore plus important que celui des États-Unis pouvaient être manipulées et battues par les GAFA. L'Europe entière et *a fortiori* tous les États ne pourraient plus jamais résister au rouleau compresseur de ces multinationales.

Cette puissance excessive est peut-être paradoxalement aussi une chance. Elle conduira inévitablement au démantèlement de ces grandes entreprises, imposé par

1. À la notable exception de José Bové.

une loi américaine antitrust ou des normes communautaires. Comment a-t-on pu accepter que Google achète YouTube ou que Facebook acquière WhatsApp ? Quand on pense que la moindre concentration, notamment dans le domaine des médias, fait l'objet de mesures extrêmement et parfois anormalement sévères de l'autorité de la concurrence française, on peut sourire. Ce jour n'est pas encore venu mais il n'est peut-être pas si lointain. En octobre 2020, la commission judiciaire de la Chambre des représentants aux États-Unis a conclu que les GAFA étaient « devenus des monopoles du genre que nous n'avions pas connus depuis l'époque des barons du pétrole ou des magnats des chemins de fer[1] ». La commission américaine considère ainsi que, désormais, « toute acquisition par une plateforme dominante sera présumée anticoncurrentielle à moins que les parties ne puissent démontrer que l'opération est nécessaire pour servir l'intérêt public et que des avantages similaires ne peuvent être obtenus par la croissance et l'expansion interne ». Tout en évoquant la nécessité de faire appliquer la législation antitrust – aucune des quelque 500 acquisitions réalisées par les GAFA depuis 1988 n'a cependant été interdite –, la commission appelle à une réaffirmation « des objectifs antimonopoles des lois antitrust et leur caractère central pour assurer une démocratie saine et dynamique ». La Chambre des représentants n'a pas la majorité à elle seule et Joe Biden, ancien vice-président de Barack Obama qui devait tant lui-même aux GAFA pour ses deux élections, n'est sans doute pas un ennemi.

1. Rapport de la commission judiciaire de la Chambre des représentants sur les pratiques anticoncurrentielles des grandes entreprises technologiques.

Toutefois, les géants du Net finiront bien par commettre une erreur ou constituer une menace pour les intérêts vitaux de l'exécutif américain. Dans cette hypothèse, la riposte sera violente.

Pour en revenir à l'Europe, les parlementaires de Strasbourg n'ont toutefois pas manqué la dernière chance qui leur était offerte d'exister encore face aux GAFA. Le 12 septembre 2020, la directive sur le droit d'auteur était intégralement adoptée dans tous ses dispositifs précédents.

## Veiller à un partage équitable de la valeur sur Internet

Internet donne une chance exceptionnelle à tous les créateurs en leur permettant une diffusion mondiale. Toutefois, se pose le débat fondamental de savoir comment va se partager la valeur ainsi créée par cette nouvelle diffusion, entre l'auteur et le diffuseur. La logique voudrait que les créateurs disposent d'un avantage dans la négociation. En effet, l'acte de création est unique et singulier alors que la diffusion relève de la libre concurrence. Tel n'est absolument pas le cas. Internet a créé un phénomène de concentration de la diffusion au sein de quelques acteurs clés qui se comptent sur les doigts de la main. Leur puissance financière, qui est accrue par une diffusion mondiale, leur donne un avantage considérable sur les créateurs qui sont isolés et qui relèvent clairement de l'économie du prototype. C'est donc une relation du fort vers le faible qui s'instaure, nonobstant les droits sur l'œuvre qui sont censés protéger les créateurs.

Le premier constat qui peut être fait est celui de la faiblesse de la rémunération pour les artistes. Prenons l'exemple de la musique, dont le modèle a subi une très profonde évolution avec la quasi-disparition des ventes physiques. Désormais, le modèle de l'abonnement via des plateformes payantes de type Deezer ou Spotify, ou la diffusion gratuite de musique via YouTube est devenu le modèle dominant. On peut constater que plus le nombre de consommateurs est important, plus la rémunération pour les créateurs est faible. YouTube a ainsi dépassé le milliard d'utilisateurs et propose une rémunération de 0,0007 dollar par écoute ! Mais la situation n'est pas plus brillante pour les plateformes payantes : 0,0044 dollar pour Spotify et 0,0064 dollar pour Deezer. On imagine aisément le nombre d'écoutes d'un morceau pour que l'auteur commence à bénéficier d'un début de rémunération. Pour un million de vues sur YouTube, un artiste pourra toucher 700 euros. Est-ce raisonnable ? Président du Syndicat national de l'édition phonographique (Snep), compositeur talentueux, entrepreneur héroïque à la tête du label indépendant Tricatel, Bertrand Burgalat rappelle à juste titre la nécessité pour les artistes de vivre de leur art dans une relation équilibrée avec toute la chaîne de production et de diffusion. « L'infantilisation des artistes est inutile. Ce n'est pas parce que l'on fait de la musique qu'on se lève à 15 heures[1] ! »

On pourra toujours évoquer les coûts techniques des plateformes. Mais il ne faut surtout pas oublier que celles-ci récupèrent en sus de l'abonnement ou de la publicité des éléments qui ont une valeur considérable : les données des utilisateurs qui permettent de mieux

1. Interview de Bertrand Burgalat dans *Le Figaro*, 21 janvier 2021.

connaître leurs choix et de leur faire parvenir de la publicité ciblée, bien plus efficace et vendue bien plus cher aux annonceurs et à d'autres distributeurs.

Les diffuseurs sur Internet n'hésitent pas également à faire usage de leur force. Ainsi, à titre d'exemple, Netflix et Amazon ont voulu imposer une clause de rémunération forfaitaire pour les créateurs alors que le droit d'auteur européen prévoit une rémunération proportionnelle en fonction du succès de l'œuvre. Le constat est simple : ces grands opérateurs du numérique veulent imposer à leur profit le modèle économique et culturel le plus défavorable aux auteurs.

Des tests sont parfois menés. Fin 2018, Netflix voulait imposer une rémunération forfaitaire aux créateurs danois, dont la capacité à écrire des séries de très bon niveau est assez impressionnante. Les syndicats d'auteurs danois se sont opposés à cette proposition, non sans succès dans un premier temps. Amazon a voulu aussi proposer des fins différentes pour une même œuvre qui serait choisie par les spectateurs. Mais l'opération ne fut pas couronnée de succès.

Enfin, ces plateformes reposent sur des algorithmes censés se fonder sur les goûts des clients. Il ne s'agit pas de remettre en cause ce fonctionnement, même si un esprit français n'est pas toujours enclin à se laisser dicter ses choix. En tout cas, nous aimerions qu'il en soit ainsi. Il est plus important de comprendre comment fonctionnent ces algorithmes afin de s'assurer que ces derniers ne sont pas des pièges à diversité ou n'orientent pas les consommateurs vers les œuvres que les plateformes auraient intérêt à mettre en avant.

***

À la lecture de ces lignes et en guise de conclusion, on aurait envie de dire comme de Gaulle à Baden Baden : « Tout est foutu, Massu ! » Sentiment d'impuissance face à des entreprises plus puissantes que bien des États, impression de dépassement technique et difficulté juridique à appréhender une matière qui ne connaît pas de frontières. Les chiffres sont parlants : en 2018, les GAFA ont généré pas loin de 655 milliards d'euros de chiffre d'affaires. Le total des dépenses nettes du budget de l'État est de 326 milliards d'euros, somme inférieure au chiffre d'affaires d'Apple et Amazon réunis[1] ! Pour autant, rien n'est plus faux de notre point de vue. Le numérique pourrait être au contraire le symbole du volontarisme politique : encore faut-il savoir prendre ses responsabilités et ne pas avoir peur vis-à-vis des multinationales du numérique.

Le seul point sur lequel il convient de demeurer modeste est qu'il sera très difficile, voire impossible, de copier ces géants. L'idée de créer un Netflix, un Google ou un Amazon européen est une idée d'avant-hier. Ces entreprises ont pris plus d'une longueur d'avance sur de potentiels concurrents et ont déjà acquis une position mondiale. Il sera impossible de vouloir faire mieux, tout au plus une alternative pourra être proposée. De toute façon, ces entreprises sont sous le coup d'une double menace. La première est que ces multinationales, ivres de leur toute-puissance, chercheront à se racheter entre elles. Il y a trop de plateformes de vidéo de niveau mondial. Personne ne sait si Amazon ou Apple rachètera Netflix ou si Disney sera également acquis ou acquerra un concurrent, mais ce phénomène de concentration semble inéluctable, à la fois parce

1. 410 millions d'euros en 2018.

que les consommateurs ne vont pas s'abonner à cinq ou six plateformes, mais aussi parce que la tentation est trop forte d'être le numéro 1 mondial. La seconde est celle du démantèlement. Quand ces multinationales auront acquis une puissance telle qu'elles remettront en cause le fonctionnement même de l'État américain, ce dernier n'hésitera pas à intervenir et ordonnera leur scission. Même à l'échelle européenne, pour peu que les autorités communautaires s'en donnent les moyens, il est possible de réguler l'accès au marché de ces géants.

Il est aussi souhaitable de se battre avec ses propres armes. Par exemple, la France pourrait parfaitement être à l'initiative d'une grande plateforme du cinéma mondial indépendant qui regrouperait tout le cinéma français, mais aussi les plus grands réalisateurs de la planète qui, sans notre pays et ses professionnels, ne pourraient financer leurs films, comme Almodovar, Loach et tant d'autres. Il faudrait que la douzaine des plus grands détenteurs de catalogues de films en France se mettent d'accord pour créer cette plateforme, soutenue par l'investissement public de la BPI ou d'autres structures. Il est toujours frappant de voir à quel point l'État est capable d'annoncer la création de fonds à hauteur de plusieurs dizaines voire centaines de millions d'euros au profit des industries culturelles et de voir aussi peu de projets financés par ces instruments. L'effet d'annonce semblerait-il suffisant et la bureaucratie l'emporterait ensuite ? On n'ose le croire…

La tâche la plus complexe n'est pas de contraindre ces plateformes. Il ne faut jamais hésiter à le faire lorsque cela est juste, pour autant, il serait préférable d'essayer de les persuader qu'il est de leur intérêt d'entrer dans le système français sans crainte et avec curiosité. Aussi puissantes soient-elles, elles ne peuvent se passer d'un marché de 66 millions d'habitants au cœur de l'Europe et avec une influence forte sur le continent pour tout ce qui concerne les sujets culturels. Participer au financement du CNC est une bonne chose car les plateformes pourront récupérer indirectement ces sommes via les programmes qu'elles ont acquis ou financés. Avoir des obligations d'investissement leur permet de s'approvisionner en programmes frais adaptés à une clientèle française et européenne.

Les plateformes ne connaissent que le rapport de force et nous ne serons jamais du côté des fatalistes du déclinisme qui considèrent que les GAFA sont trop puissants, trop influents et inatteignables. D'abord, il est toujours absurde de refuser de mener une bataille quand cette dernière est juste. Ensuite, la preuve a été faite qu'il était possible d'imposer à ces plateformes toute une série d'obligations qui paraissaient hors de portée, y compris au niveau européen. Le mécanisme est assez classique : il faut que le couple franco-allemand, moteur de l'Europe, soit parfaitement uni pour mener ces combats nécessaires face au scepticisme des États membres et de l'hostilité de la Commission européenne.

C'est ainsi qu'une intégration de ces plateformes dans le système fiscal domestique des États a pu être instaurée en France et en Allemagne et que le principe a été repris dans la directive Service des médias audiovisuels (SMA). Qui aurait pu croire, il y a cinq ans, que la Commission européenne accepterait une aussi violente entorse au principe dit du pays d'origine pour tout type de taxes, à la grande fureur des multinationales du numérique qui n'ont pas vu le coup venir ?

Lorsque la France et l'Allemagne sont unies en Europe, tout devient possible. La désunion au contraire profite toujours aux GAFA, ce qui fut le cas, malheureusement, quand la France refusa de soutenir les dispositions allemandes obligeant Google à rémunérer les organes de presse qu'il reprenait. Dans le domaine des industries culturelles, nos deux pays montrent l'exemple à tous les autres, la France vis-à-vis du Sud de l'Europe, l'Allemagne pour l'Est. Là encore, l'idée n'est pas d'empêcher les GAFA d'exister dans nos pays – la belle blague ! L'idée n'est pas non plus de freiner ou de décourager leurs activités qui sont source de plaisir pour les consommateurs et peuvent être très profitables au monde de la création. Le concept d'équilibre est de faire en sorte que les GAFA puissent développer leurs activités en Europe en acceptant l'équité fiscale avec les autres entreprises et des règles qui ont un principe simple : le maintien de l'exception et de la souveraineté culturelles, du pluralisme, de l'indépendance et de la juste rémunération des auteurs. C'est le meilleur service que la vieille Europe puisse rendre à ces jeunes entreprises qui ont grandi si vite.

# En guise de conclusion

> « La culture domine tout, elle est la condition *sine qua non* de notre civilisation d'aujourd'hui, comme elle le fut des civilisations qui ont précédé celle-là. »
>
> Charles de Gaulle,
> Discours d'inauguration de la Maison de la culture de Bourges, 1965.

Cinquante ans après le départ d'André Malraux de la rue de Valois, il faut un nouveau grand dessein culturel pour la France. Nous sommes convaincus que la culture peut jouer un rôle thérapeutique, voire thaumaturge : elle réduit les fractures, toutes les fractures, qu'elles soient sociales, identitaires ou économiques.

S'il est insupportable pour des patriotes de voir leur pays s'enfoncer dans la crise permanente, au bord de l'explosion et de la guerre civile, il est encore plus insoutenable de constater qu'il ne sait ou ne veut utiliser les armes qui font sa force. Dans le domaine culturel, on a envie de dire, à l'instar de la parabole dans l'Évangile selon saint Matthieu : France, qu'as-tu fait de ton talent ? Oui, nous avons été de mauvais serviteurs. Nous avions tous les atouts en main et nous n'en avons rien fait.

N'ayons pas peur ! Nous disposons d'immenses talents dans notre pays et le secteur culturel peut devenir un formidable vecteur d'une croissance un peu particulière car elle n'est pas qu'économique : elle a aussi du sens et elle porte notre civilisation.

L'avenir est aux petites structures économiques : plus rapides, plus agiles, plus adaptables. Telle est la principale caractéristique du secteur culturel : un tissu de TPE ou de PME fondé sur l'économie du prototype. Quand cela « marche », on continue et on amplifie, mais quand cela ne fonctionne pas, on se replie sur ses bases et on s'adapte. La vitesse de manœuvre est essentielle : mieux vaut être un Hobie cat qu'un pétrolier.

Par ailleurs, l'activité culturelle nous donne des avantages comparatifs prédominants. Le secteur culturel n'est pas délocalisable, il ne peut être remplacé par une main-d'œuvre à bas coût et dispose d'une réputation issue d'une longue tradition d'excellence.

Force est de reconnaître que la France coche toutes les cases. Nos structures de formation dans le domaine des industries culturelles sont excellentes, nos entreprises sont nombreuses et dynamiques, et l'image de la France en matière culturelle est incontestable et incontestée, pour son patrimoine, son ingénierie culturelle, l'événementiel et le spectacle vivant, les industries créatives.

Le secteur effectue ainsi la démonstration d'une politique publique qui a réussi. Ce n'est pas si fréquent... L'argent de l'État a permis le développement de grands établissements culturels qui accueillent des millions de visiteurs français ou étrangers. Depuis les grandes lois de décentralisation, les collectivités territoriales investissent massivement dans le secteur artistique, dépassant largement l'État, ce qui contribue à une vie culturelle d'une grande densité sur tout le territoire, sans même parler de l'été où l'on peut se demander, non sans fierté, s'il existe encore un canton dans notre pays qui ne dispose pas d'un festival.

La France a eu par ailleurs le génie de créer des mécanismes qui ont eu la vertu de participer directement au financement d'œuvres, essentiellement dans le cinéma et l'audiovisuel, et, dans une moindre mesure, pour le livre et le secteur de la musique. Outre le fait que ces dispositifs ne coûtent rien au contribuable, ils ont permis de conserver ces pans entiers de notre économie qui peuvent être rapidement fragilisés par l'impérialisme culturel américain. Faute d'avoir adopté de telles mesures, le cinéma anglais ou italien, qui comptèrent naguère tant de génies, ont quasiment disparu ou, à l'instar de Ken Loach par exemple, ne font plus que des films avec la présence d'un coproducteur français.

Lutter encore et toujours contre tous les impérialismes culturels : tel est le devoir de la France qui est parfois bien seule en Europe, quand elle n'est pas en butte à l'hostilité de ses partenaires, pour défendre un principe de souveraineté et donc d'exception culturelle. Le général de Gaulle, dans son humoristique comparaison avec celui qu'il appelait son seul rival international – en l'occurrence Tintin –, ne disait pas autre chose : « Nous sommes les petits qui ne se laissent pas avoir par les grands. » Il évoquait le premier de ces impérialismes, à savoir celui des États-Unis qui a depuis changé de nom : les GAFA ont remplacé le cow-boy Marlboro et l'*American way of life*, mais leur emprise sur notre vie de tous les jours est de plus en plus forte. Leur volonté de ne se plier à aucune règle, aucune fiscalité, aucune régulation est un problème économique. Il est en train de devenir un sujet de société car ces entreprises mondiales, au nom du seul profit maximum, s'enrichissent et deviennent de plus en plus puissantes en véhiculant sans aucun filtre des messages de haine, de violence et de peur. Elles collectent par ailleurs toujours davantage de données qui leur sont généreusement mais involontairement cédées gratuitement par les utilisateurs. Parallèlement, s'il n'existe pas encore de plateformes chinoises déployées à l'international, l'emprise de ce pays sur le secteur culturel devient de plus en plus prégnante. À n'en pas douter, la décennie qui vient verra des affrontements économiques et culturels intercontinentaux.

À nous d'être forts ! Il y va de l'avenir de notre vieux continent qui a pris une part trop importante dans le développement des connaissances humaines pour qu'on puisse se résoudre à son déclin culturel.

La culture n'est pas une marchandise : elle est aussi un formidable outil d'influence de par le monde. L'intuition de Jacques Chirac[1], en créant une chaîne d'information en continu en trois langues – France 24 –, était que l'actualité dans le monde n'était pas traitée de la même manière selon que l'on réponde aux codes culturels français, anglais, allemand ou américain. Il y a bien une vision française du monde que nous portons tous dans nos gènes en héritiers des Lumières. André Malraux mieux que quiconque l'avait parfaitement perçu : « La France n'est jamais plus grande que lorsqu'elle est au service de ce qu'elle pense pour l'humanité tout entière. »

Face à de tels succès et de telles menaces, il est donc désolant que notre pays ne se soit pas réellement

---

1. Inspiré notamment par les conclusions de la mission confiée à Bernard Brochand et relative à la mise en œuvre de la future chaîne d'information internationale.

intéressé, dans un passé récent, au secteur culturel. Peur de « l'effet paillettes » ? Peur de passer « pour un pays du Club Med » ? Il y a un formidable créneau à exploiter et, à la différence de certaines autres activités économiques, les industries culturelles font toujours du bien, elles créent de l'émotion, aident à réfléchir, à s'interroger sur le monde ; en d'autres termes, la culture fait grandir !

Nous en avons particulièrement besoin, à un moment où l'actualité est plus que jamais faite d'attentats, de tensions sociales, d'expressions de l'archipellisation de la société. La nécessité de retrouver une énergie collective positive se fait chaque jour plus ardente. Le besoin d'un chemin commun pour une société française plus cohérente n'a jamais été aussi criant. Chacun sait que notre pays est au bord de l'explosion, et que les prochaines échéances électorales nationales, à commencer par la présidentielle, revêtent une dimension capitale. Si une élection ne suffira pas à résoudre l'équation complexe qui est la nôtre, rater ces échéances plongerait le pays dans une zone de turbulences qui pourrait le faire sombrer dans le déclin voire la violence, peut-être pour longtemps et certainement le malheur de tous.

L'un des enjeux est donc de ne pas laisser le débat politique se réduire à un dialogue entre le conformisme et la démagogie qui s'avère destructeur de démocratie. Pour cela, l'affirmation du rôle central de la culture dans la sagesse individuelle et le bien commun, l'appel à une politique culturelle libératrice et fédératrice, la prise de conscience des immenses opportunités d'un secteur qui encore aujourd'hui fait rayonner la France, le partage d'une grande ambition collective en la matière constituent la voie d'une espérance.

Cette voie, pour se concrétiser en chemin de renouveau, nécessitera de réorienter les actions culturelles vers le public, tout le public, par l'instruction artistique systématique des jeunes, la formation continue aux œuvres de l'esprit, la possibilité donnée à chacun tout au long de sa vie de partager la découverte des créations ou de pratiquer une discipline artistique, la stimulation permanente de la curiosité culturelle, partout et en permanence.

Le génie d'André Malraux comme ministre, en application du dessein gaulliste d'une France souveraine dans tous les domaines, a été de multiplier les établissements culturels dans tout le pays, des grandes institutions nationales à rayonnement international aux entités d'éducation populaire. Depuis, avec plus ou moins de constance, plus ou moins – souvent moins – d'engagement, plus ou moins – très souvent moins – de moyens, le ministère de la Culture a mené une politique de l'offre, pensant que cela entraînerait mécaniquement une élévation globale du niveau comme du partage culturel, donc la démocratisation de l'accès à la connaissance et à la pratique des arts.

Il n'en est rien. Dans le domaine culturel aussi, sur les plans social, géographique et démographique, les fractures perdurent, les inégalités s'amplifient, les incompréhensions s'accroissent et sont de nature plus complexes. C'est pourquoi la belle politique de l'offre culturelle française doit désormais être complétée d'une vaste politique de la demande.

Les piliers de celle-ci sont à ériger par le développement de l'éducation artistique et culturelle, la reconnaissance et l'encouragement des dynamiques locales, la stimulation des initiatives privées de conquête de nouveaux publics, l'utilisation à bon escient des techniques numériques de fidélisation du plus grand nombre autour du partage des œuvres et de la création, des collaborations public-privé dans les secteurs du spectacle vivant comme de la rénovation et de l'exploitation de sites potentiellement attractifs, la garantie de la rémunération des artistes dans les formes actuelles de valorisation des œuvres pour encourager les vocations, l'optimisation de l'audiovisuel public et sa meilleure éditorialisation culturelle y compris de ses outils numériques, l'incitation de la participation populaire à la préservation et à la valorisation du patrimoine.

Chaque Français doit pouvoir se sentir légitime face aux offres culturelles et en mesure de vivre les joies artistiques. Ce n'est pas qu'une question de plaisir individuel ; la voie du renouveau civique est là. Car la culture est source de liberté et de responsabilité. Il suffit d'en avoir conscience, la culture sauvera la France.

## Table

*Composition et mise en pages*
*Nord Compo à Villeneuve-d'Ascq*

CET OUVRAGE
A ÉTÉ ACHEVÉ D'IMPRIMER
SUR ROTO-PAGE
PAR L'IMPRIMERIE FLOCH
À MAYENNE EN MARS 2021

N° d'impression : 98067
*Imprimé en France*